L⁴A SOPHONISBE,

TRAGEDIE
DE MAIRET.

DEDIEE,

A MONSEIGNEVR
LE GARDE DES SEAVX,

A PARIS,

Chez PIERRE ROCOLET, au Palais en la
galleric des Prisonniers, aux Armes de la Ville.

M. DC. XXXV.
AVEC PRIVILEGE DV ROY.

A

MONSEIGNEVR

MESSIRE

PIERRE SEGVIER,

GARDE DES SEAVX DE FRANCE.

ONSEIGNEVR,

Estant naturellement bien-faisant,
comme vous estes, & n'ayant iamais
manqué de matiere pour le faire dignement pare-
... puisque les plus belles charges du Parlement,
que vous auez soutenües auec tant de suffisance
& de probité, sont les honorables degrez par où l'on
vous a fait monter à la grandeur de celle que vous
exercez maintenant ; Il est impossible que vous
n'ayez obserué que les bien-faits ont cela de propre

* ij

de rendre ceux qui les ont receus plus hardis ou plus importuns à s'en procurer de nouueaux, & qu'vne premiere faueur est ordinairement la semence d'vne seconde. Pour moy, MONSEIGNEVR, c'est en suite de la permißion que vous m'auez donnée sous vôtre Seau de mettre ma Sophonisbe au iour, que i'ose vous demander encore, & que vous m'accorderez, s'il vous plaist, celle de vous la dedier ; puis qu'il est vray que ie ne sçaurois mieux la mettre en lumiere, qu'en luy communiquant quelque rayon de la vostre, que tout le monde regarde, comme vne des plus pures & des plus esclatantes de nostre temps. Les tesmoignages que vous auez rendus deuant quelques-vns de mes amis, que cette piece vous auoit assez contenté sur le Theatre, me font esperer qu'elle ne vous déplaira pas dans le cabinet : si ce n'est point pecher contre le bien public, que de luy desrober vne heure de vostre loisir, pour ma satisfaction particuliere. Cependant, MONSEIGNEVR, quelque bon-heur, ou quelque applaudissement qu'a; ; eu cette Tragedie, qui se peut vanter d'auoir tiré des souspirs des plus grands cœurs, & des larmes des plus beaux yeux de France; ie ne laisse pas de vous demander grace pour elle & pour moy; ne doutant pas qu'auec les clartés d'esprit & de iugement que vous, auez, vous n'y remarquiez des defauts qui n'ont pas esté descouuerts iusques icy. C'est pourquoy ne treuuez pas mauuais que i'essaye en cecy de vous corrompre, afin de vous auoir plustost en qualité de fauorable Protecteur, que de Iuge equitable. I'aurois trop à craindre pour moy, si vous me vouliez faire iustice, & me iuger selon mes œuures qui n'ont rien de rare ou de bon, que de porter en teste vn caractere que la mesdisance ny les années ne pourront iamais effacer; Ie veux dire ce tres-illustre nom de SEGVIER, que vous portez, & qui fut autre-fois de si bonne odeur en la personne de ce grand President vostre oncle, de glorieuse memoire, de qui l'amour pour les bonnes lettres, l'integrité de vie pour soy-mesme, & la iustice pour tout le monde, reuiuent en vous, comme en son digne & veritable successeur. Ie suis,

MONSEIGNEVR,

Vostre tres humble, & tres-obeyssant
seruiteur, MAIRET.

E fujet de cefte Tragedie eft dans Tite Liue, Poly-be, & plus au long dans Apian Alexandrin. Il eft vray que i'y ay voulu adioufter pour l'embelliffe-ment de la piece, & que i'ay mefme changé deux incidents de l'Hiftoire affez confiderables, qui font la mort de Siphax, que i'ay fait mourir à la bataille, afin que le peuple ne treuuât point eftrange que Sophonifbe eût deux maris viuants: & celle de Maffiniffe, qui vefcut iufques à l'extréme vieilleffe. Les moins habiles doiuent croire que ie n'ay pas alteré l'hi-ftoire fans fujet, & les plus delicats verront, s'il leur plaift en prendre la peine, la deffence de mon procedé dans Ariftote. *Sanè conftat ex bis non Poëtæ effe ipfa facta propria narrare, fed què-admodû geri quiuerint, vel veriffimile, vel omnino neceffarium fuerit, &c.* Et pour les modernes, qu'ils ayent la curiofité de me voir iuftifier dans les deux difcours que le Comte Profper Bona-relli adreffe à vn de fes amis nommé Antoine Brun, pour fon Solyman, que i'efpere habiller vn de ces iours à la Fran-çoife: c'eft en la derniere impreffion de l'année M. D. XXXII. Tant y a que ie fais faire à Maffiniffe ce qu'il de-uoit auoir fait, & que la fin de la Tragedie eftant la commi-feration, ie ne la pouuois pas mieux treuuer qu'en le faifant mourir. Si ie mets iamais ma Cleopatre au iour, ie m'eftédray dauantage fur cette matiere: cependant l'experience a montré fur le Theatre, que ie n'ay point mal fait de m'efloigner vn peu de l'hiftoire.

EXTRAICT DV PRIVILEGE.

LE Roy par ses Lettres de Priuilege, dattées du cinquiesme Fe-
urier, mil six cents trente-cinq, signées, par le Roy en son
Conseil, LE COMTE, & seellées du grand seau de cire jaune, a
permis au Sieur Mairet de faire imprimer, faire vendre & distribuer par tel Libraire ou autre que bon luy semblera, trois Liures
de Theatre, intitulez, *La Sophonisbe*, *La Virginie*: &, *Le Duc d'Os-
sonne*. Faisant defences à tous Libraires, Imprimeurs, & autres de
quelque qualité qu'ils soient, d'imprimer lesdits Liures, en vendre ny
distribuer par tout le Royaume, pays & terres de son obeyssance,
sans le consentement dudit sieur Mairet, ou ceux qui auront charge
de luy, pendant le temps de neuf ans, à compter du iour qu'ils seront
acheuez d'imprimer, sur peine aux contreuenans de confiscation
des exemplaires, & de trois cents liures d'amende; A condition qu'il
sera mis deux exemplaires de chacun desdits Liures en la Bibliotheque du Roy : & vn exemplaire de chacun en celle du Sr. Seguier
Garde des Seaux, auant que de les exposer en vente, à peine de nul-
lité du priuilege, comme il est amplement porté par l'original des
presentes.

ET ledit MAIRET *a cedé & transporté le priuilege à luy donné,*
à PIERRE ROCOLET, *Marchand Libraire à Paris, pour en*
iouïr entierement, & pour le temps y porté, suiuant le Contract passé entre-
eux pardeuant les Notaires de Paris.

Acheué d'imprimer le Mardy 22. May 1635.

Les deux exemplaires ont esté baillez en la bibliotheque du Roy.

Fautes suruenües en l'impression.

Page 27. au lieu de s'imagine, lisez imagine. Page 42. au lieu de Mada-
me, lisez la Reyne. Page 65. lisez, qui me l'auoit causé. Page 87. tout le
pouuoir Romain, lisez tous vn peuple.

LES PERSONNAGES QVI PARLENT.

SIPHAX	Roy de Numidie.
PHILON	General de Siphax.
MASSINISSE	Ennemy de Siphax.
SCIPION	Conful Romain.
LELIE	Lieutenant de Scipion.
CALIODORE	Domeftique de Sophonifbe.
ARISTON	Soldat Romain.
SOPHONISBE	Femme de Siphax, & amoureufe de Maffiniffe.
PHENICE, &	
CORISBE	Ses confidentes.

La Scene eft dans Cyrte, ville de Numidie.

LA

SOPHONISBE

TRAGEDIE
DE MAIRET.

ACTE I.
SCENE I.

SYPHAX. SOPHONISBE.

SYPHAX.

VOY perfide ? s'entendre auec mes en-
   nemis ;   [mis?
Eſt-ce là cét amour que tu m'auois pro-
Eſt-ce là cette foy que tu m'auois donnée,
Et le ſacré reſpect qu'on doit à l'Hymenée?

A

Ingrate Sophonisbe, as-tu si-tost perdu
La memoire du soin que Syphax t'a rendu?
Quelque inégalité qui soit entre nos âges,
Parmy mille subjets de soupçons & d'ombrages,
Qu'vn mary plus credule eut pris à tout propos,
Ay-je rien entrepris qui troublast ton repos?
As-tu pas tousiours eu, comme Reyne absoluë,
Toute la liberté que toy-mesme as vouluë?
Cependant ton caprice ennemy de mon bien,
Trahit ingratement mon honneur & le tien.
Tu sçais que pour complaire à ceste vieille hayne,
Que ta race eut tousiours pour la race Romaine,
I'ay quitté l'amitié de ce Peuple puissant,
Par où ie conseruois mon Estat florissant.
Sans tes mauuais conseils, à qui i'ay voulu plaire,
Et de qui ma ruïne est le iuste salaire,
On ne me verroit pas destruit comme ie suis,
Ny l'esprit aueuglé d'vn nuage d'ennuis.
I'aurois dessus le front ma couronne affermie,
Car i'aurois Rome encore & la Fortune amie.
Mais quoy? m'ayãt perdu de gloire & de bon-heur,
Il te restoit encore à me perdre d'honneur.
Il te restoit encor pour comble de malice,
A te lier d'amour auecque Massinisse.

Ie veux que ie te pese, & que mes cheueux gris,
Soient à tes ieunes ans vn subiect de mespris;
Hay moy si tu le veux, abhorre ma personne:
Mais que t'ont fait les miens, que t'a fait ma Courône,
Pour faire vn ennemy l'obiect de tes desirs?
Ne pouuois-tu treuuer où prendre tes plaisirs,
Qu'en cherchant l'amitié de ce Prince Numide,
Qui te rend tout ensemble impudique & perfide;
Veu que tu ne sçaurois l'aymer sans me hayr,
Ny t'entendre auec luy sans me vouloir trahir.
Ie n'ay pour mon malheur que trop de connoissance,
Du sujet dont ta flame a tiré sa naissance:
Tu l'as tousiours aymé, depuis le iour fatal,
Qu'il te fut accordé par ton Pere Asdrubal,
Et que de tes regards l'atteinte empoisonnée,
Me fit prendre pour moy ce funeste Hymenée.
Heureux dans ce mal-heur, si le mesme flambeau,
Qui nous mit dans le lit, nous eut mis au tombeau.

SOPHONISBE.

Ha! Sire, pleust aux Dieux m'eussiez vous escoutée.

SYPHAX.

Que me pourrois-tu dire impudente, effrontée?

A ij

SOPHONISBE.

Ce qui m'exempteroit de ces noms odieux;

SYPHAX.

Oüy, si i'estois perclus de l'esprit & des yeux;
Oüy, si ie ne sçauois quelle est ton escriture,
Conuainc-moy toutesfois d'erreur & d'imposture:
Ie seray satisfait quand tu te purgeras;
Fais-le donc si tu peux, & tu m'obligeras.

Il luy monstre sa lettre.

Desaduoüras-tu point ces honteux caracteres,
Complices & tesmoins de tes feux adulteres?

SOPHONISBE.

Non, Sire, ils sont de moy, ie ne le puis nier,
Et n'ay pas entrepris de me iustifier
Par vn traict effronté de visible impudence;
Il est vray, i'ay failly, mais c'est par imprudence:
C'est manque de conduite, & pour vous auoir teu
Vn genereux dessein que mon cœur auoit eu,
Dont ma bouche en effect vous deuoit rēdre conte.

SYPHAX.

O Dieux! as-tu perdu le sens auec la honte?

Ta faute, ce dis-tu, vient de m'auoir caché
Le genereux deſſein de commettre vn peché ;
O reſponſe indiſcrette autant comme inſenſée!
Explique, explique mieux ta confuſe penſée:
Excuſe ton offenſe au lieu de l'agrauer,
Et ne te ſoüille pas au lieu de te lauer.
Songe à ce que tu dis, & que iamais oreille
N'oüit extrauagance à la tienne pareille:
Remets donc ton eſprit de ſa cheute eſtourdy;

SOPHONISBE.

Vous prenez mal le ſens des choſes que ie dy,
Ie veux dire, Seigneur, afin que ie m'explique,
Que iamais le flambeau d'vn amour impudique,
Quoy que vous en croyez, ne m'eſchauffa le ſein,
Et que i'auois eſcrit pour vn autre deſſein:
C'eſt par où ie pretends prouuer mon innocence,
Si voſtre Majeſté m'en donne la licence.

SYPHAX.

Parlez, parlez, Madame, & ſi vous le pouuez,
Mettez voſtre innocéce au poinct que vous deuez.
C'eſt le plus grand plaiſir que vous me ſçauriez faire
Mais qu'auecque raiſon i'ay crainte du contraire!

SOPHONISBE.

Sire, vous voyez trop à quelle extremité
Les armes des Romains vous ont precipité;
Vostre Empire perdu, vostre Ville assiegée,
Et l'armee ennemie à nos portes logée,
De nos meilleurs soldats les courages faillis,
Nos dehors emportez, nos remparts assaillis,
Et qu'il n'est quasi plus en la puissance humaine,
De repousser de nous l'insolence Romaine.
Moy, qui Cartaginoise, & vray sang d'Asdrubal,
N'ay iamais reconnu ny creint vn pire mal,
Que celuy dont le sort affligeroit ma vie,
Si ce peuple odieux la tenoit asseruie;
I'ay creu qu'il seroit bon de m'acquerir de loin,
Vn bras qui conseruast ma franchise au besoin :
C'est pourquoy i'escriuois au Prince Massinisse,
Sous vne feinte amour couurant mon artifice;
Et pour vous mieux prouuer la chose comme elle est,
Que vostre Majesté regarde s'il luy plaist,
Que mesprisant la fleur des Princes d'Italie,
Et le grand Scipion, & le sage Lelie,
I'ay voulu m'asseurer de l'assistance d'vn,
A qui le nom Lybique auec nous fut commun.

Voilà, Sire, en deux mots la cause veritable,
De l'erreur qui me rend apparemment coupable:
Mais les Dieux apres tout que ie prens à tesmoins
Sçauent bien, en effect, que ie ne suis rien moins.

SYPHAX.

Croy plustost que ces Dieux ennemis des parjures,
Vangeront en cecy nos communes injures:
Et qu'vn iour desjà proche ils puniront sur toy,
Le mespris que ton cœur a faict d'eux & de moy.
Ie te tiens si tu veux innocente & pudique:
Mais tu te souuiendras qu'vn Esprit prophetique
T'annonce par ma voix, qu'vn succez mal-heureux
Doit suiure de bien-pres tes desseins amoureux.
C'est la seule raison qui peut faire à ceste heure,
Que sans punition ton offense demeure,
Aymant mieux que le Ciel m'en fasse la raison,
Que si ie la tirois du fer ou du poison.

SOPHONISBE.

Quoy donc vostre soupçon rejette mes excuses?
O Dieux!

SYPHAX.

deguise mieux tes inutiles ruses,
De qui le faux esclat ne sçauroit m'esblouïr,
Adieu, ie ne veux plus ny te voir, ny t'ouïr.

Va t'en, va, que sur toy ma cholere n'esclate,
Femme sans foy, sans cœur, & sur toutes ingrate.

Elle rentre.

Va respandre plus loin tes infidelles pleurs,
Et me laisse tout seul auecque mes douleurs.

Il demeure seul.

O Ciel pouuois-tu mieux me tesmoigner ta hayne,
Qu'en mettāt dās mō lict ceste impudique Heleine,
Ou plutost cette peste, & ce fatal tison,
De qui desia la flame embraze ma maison ?
Quel Roy sans cette horreur de la foy coniugale,
Auroit vne fortune à ma fortune esgale ?
Soit maudit à iamais le lieu, l'heure, & le iour,
Que son aspect charmeur me donna de l'amour.
Quand i'aurois en vn iour trois batailles perduës,
Et cent places de marque aux ennemis renduës,
I'eusse encor moins perdu, qu'alors que sa beauté
Me fit perdre le sens auec la liberté.
Depuis que cette tache eut obscurcy ma vie,
La mauuaise fortune a ma faute suiuie.
Il n'est point de mal-heur qui ne m'ait accueilly,
Et bien plus que mon corps mon esprit a vieilly.
Depuis, mon iugement a bien moins de lumiere,
Et semble estre decheu de sa force premiere.

Tout

Tout ce que i'entreprens, me succede à rebours,
Soit manque de bon-heur, ou manque de discours.
O trois & quatre fois mal-heureux Hymenée!
Qui rend de mes vieux ans la course infortunée.

ACTE I.

SCENE II.

PHILON, General de Syphax.

IRE, l'on n'attend plus que vostre Majesté,
Pour charger Massinisse au cõbat appresté.
Desia ses Legions de trop d'heur insolentes,
Ont tiré loin du camp leurs enseignes volantes;
Et vos gens hors la ville en bataille rangez,
Iurent de n'y rentrer que vainqueurs & vangez.
Tandis que leurs esprits la vengeance respirent,
Il les faudroit mener au combat qu'ils desirent,
De peur qu'à differer ils ne perdent sans fruit,
Ceste boüillante ardeur que la victoire suit.

B

SYPHAX.

Allons, & plaise aux Dieux qu'vn trespas honorable
Me deliure bien-tost d'vn sort si deplorable.

PHILON.

Quoy, Sire, & depuis quand vostre cœur abbatu,
Laisse-t'il au mal-heur accabler sa vertu ?
D'où vient qu'en vos discours, & sur vostre visage,
On remarque les traicts d'vn sinistre presage ?
Vous n'estes pas encor si mal-traicté du sort,
Que vous soyez reduit à desirer la mort :
Et quoy que iusqu'icy la Fortune contraire,
Nous ait faict tout du pis qu'elle nous pouuoit faire,
Si faut-il esperer que sa legereté,
La fera reuenir à vostre Majesté.

SYPHAX.

Ha ! Philon, souuiens-toy que la Fortune est fâmē,
Et que de quelque ardeur que Syphax la reclame,
Elle est pour Massinisse, & qu'elle aymera mieux
Suiure vn ieune Empereur, qu'vn autre desia vieux :
Mais que ce n'est pas là le subiect de ma creinte,
Ny de l'extreme deuil dont mon ame est atteinte.

Ma vie est bien soumise à de pires dangers,
Et tous mes ennemis ne sont pas estrangers.

PHILON.

Comment, Sire, quelqu' vn entre vos domestiques,
A-t'il fait contre vous d'infidelles pratiques?

SYPHAX.

Ouy, ie suis odieux à ceux de ma maison,
Qui me deuroient cherir auec plus de raison.

PHILON.

Il faut donc dans leur sang auecque promptitude,
Noyer leur perfidie, & leur ingratitude;
Le secret de l'affaire est de les preuenir,
Et vostre seureté consiste à les punir.
Mais qui sont ces ingrats, ces courages perfides,
Qui peuuent conceuoir des pensers homicides,
Pour le plus digne Roy qui soit en l'Vniuers,
Et que ne les perd-on, puis qu'ils sont descouuers?

SYPHAX.

Pource qu'en les perdant ie me perdrois moy-mesme,
Qui tous traistres qu'ils sont les excuse & les ayme.

C'est en quoy ma fortune est digne de pitié,
D'auoir encor pour elle vn reste d'amitié,
Au lieu de la punir de mespris & de hayne.

PHILON.

Pour elle?

SYPHAX.

Oüy, cher Philon, ie parle de la Reyne,
Et veux bien confier à ton esprit discret,
Vn malheur que ie tiens pour tout autre secret,
I'ay des preuues en main qui te feront parétre,
Que si ie suis troublé, i'ay bien subiect de l'estre:
Et que la peur qu'imprime vn ennemy vainqueur,
N'est pas ce qui m'abbat le visage & le cœur;
Voy ce papier honteux, & par son escriture,
Aprens à mesme temps, & plains mon auanture.

Il lit.

LETTRE DE SOPHONISBE
A MASSINISSE.

Voyez à quel mal-heur mon Destin est soumis;
Le bruit de vos vertus, & de vostre vaillance,
Me contraint aujourd'huy d'aymer mes ennemis,
D'vn sentiment plus fort que n'est la bien-veillance.

Et bien aurois-tu creu que sous tant de beauté,
Logeaſt tant de malice et de deſloyauté?

PHILON.

Certes les Dieux encor n'ont point fait de courage,
Qui ſoit ineſbranlable aux coups de cét orage;
Et c'eſt auec raiſon que le voſtre auiourd'huy,
Pour vn ſi grãd mal-heur monſtre vn ſi grãd ennuy.
Mais, Sire, il faut penſer que c'eſt aux grãdes ames,
A ſouffrir les grãds maux, & que fêmes ſont fâmes:
Courons remedier d'vn courage conſtant,
Au danger le plus proche, & le plus important.
Songez qu'en deſtruiſant la puiſſance Romaine,
Vous deſtruiſez auſſi les deſſeïns de la Rëyne:
Qu'il eſt bon cependant d'obſeruer de plus pres,
Par des yeux vigilans qu'on y peut mettre expres.

SYPHAX.

Allons, Philon, allons, où le Deſtin m'appelle,
Et que ma mort contente vne Eſpouſe infidelle.
Cependant Maßiniſſe,

PHILON.

O Dieux il a bleſmy.
B iij

SYPHAX.

Pour te faire vn present digne d'vn ennemy,
Et te souhaiter pis-que le fer ny la flame,
Ie te souhaite encor Sophonisbe pour fâme.

ACTE I.

SCENE III.

SOPHONISBE, & PHENICE.

SOPHONISBE.

A! Phenice, il est vray qu'il a manqué
    de foy,
Qu'il a remis ma lettre entre les mains
    du Roy,
Et que son imprudence,

PHENICE.

        asseurez-vous, Madame,
Que l'Eunuque en cecy n'est point digne de blâme,

Et qu'il ne vous manqua ny de foy, ny d'esprit,
Ny de constance mesme, alors qu'on le surprit.
Ne soupçonnez donc plus sa franchise esprouuée,
Et sçachez comme quoy la chose est arriuée.
Des-jà ce malheureux sans nuls empeschemens,
Estoit prest à sortir de nos retranchemens,
Et d'vn camp endormi se couler dans vn autre;
Quand son propre mal-heur, aussi bien que le vostre
Sur la pointe du iour le fit tomber és mains
D'vn esquadron errant de cheuaux Africains,
Qui comme fugitif entr'eux le despouillerent,
Et si soigneusement à l'enuy le fouillerent,
Que l'vn d'eux aperceut le papier attaché
Dans le bord de sa robe, où nous l'auions caché;
Et tous pour profiter d'vne telle auanture,
Le rendirent au Roy, sans en faire ouuerture:
Ainsi le pauure Esilque à sa rage exposé,
Merite d'estre plaint, & non d'estre accusé,
Voilà comme en effect la chose s'est passée.

SOPHONISBE.

Cependant Massinisse ignore ma pensee,
Ce glorieux Vainqueur est encore à sçauoir
Le mauuais traictement qu'il me fait receuoir.

Combien luy va couster l'amour que ie luy garde,
Et comme à son subiect mon honneur se hazarde!
Dieux que i'approcherois du comble de mes vœux,
S'il sçauoit seulement le bien que ie luy veux!
I'esprouuerois au moins hors de l'incertitude,
Ou sa reconnoissance, ou son ingratitude.
Phenice, pensez-vous que s'il connoissoit bien,
Qu'il possede mon cœur, il me donnast le sien?
Mes yeux à vostre auis ont-ils assez de charmes,
Pour cét esprit nourry dans la fureur des armes?

PHENICE.

Que trop, que trop, Madame, & ie ne doute pas,
Que ce ieune Vainqueur ne cede à vos apas;
Puis qu'on a veu Syphax en l'hyuer de son âge,
Conceuoir tant de feux pour vn si beau visage;
Luy de qui les cheueux ont blanchy sous l'armet,
A la suitte du bien que la gloire promet.
Croyez asseurément que s'il vous auoit veuë,
Auec tous les attraits dont vous estes pourueuë,
Il seroit sans raison, s'il ne changeoit vn iour
Les lauriers de la guerre aux myrthes de l'amour,
Si ce n'est qu'autre part sa franchise asseruie,
De toute autre amitié luy fist perdre l'enuie:

Car

Car à bien difcourir, il n'eſt pas apparent,
Qu'il ait pû conſeruer vn cœur indifferent,
Parmy tant de beautez, dont l'Eſpagne ſe vante.

SOPHONISBE.

O Dieux! que ce ſoupçon me trouble & m'eſpouuäte!
Et que ie ſouffrirois, ſi mon amour trompé,
Treuuoit en Maſſiniſſe vn cœur preoccupé!
Certes autant de fois que mon ame infenſée,
A voulu s'arreſter deſſus ceſte penſée,
Nourrice, autant de fois i'ay changé de couleur,
Et mes ſens interdits ont monſtré ma douleur.

PHENICE.

Mais, Madame, apres tout, cette amour découuerte,
Cauſe viſiblement voſtre honte & ma perte.
Le Roy teſmoigne aſſez, par le bruit qu'il a fait,
Que toutes vos raiſons ne l'ont pas ſatisfait,
Et ie crains qu'au retour du combat qui l'arreſte,
Il ne faſſe eſclatter la derniere tempeſte.

SOPHONISBE.

Rien moins, ie connois trop la puiſſance d'Amour,
Pour craindre que le Roy me faſſe vn mauuais tour;

C

Celle qu'il a pour moy ne luy sçauroit permettre,
De me deshonorer sur vne simple lettre:
Il a puny ma faute en me la reprochant,
Et s'il m'eust voulu perdre, il l'eust faict sur le champ,
C'est en quoy mon offense est plus blasmable encore,
De tromper laschement vn mary qui m'adore:
Mais vn secret Destin que ie ne puis forcer,
Contre ma volonté m'oblige à l'offencer:
Moy-mesme mille fois ie me suis estonnée,
Et de ma passion, & de ma destinée.
Encare à ce matin ie pleurois en resvant
Au mal-heur inconu qui me va poursuiuant;
Faisant reflexion sur mon erreur extresme,
Ie ne pouuois treuuer que ie fusse moy-mesme,
Et que dans la rigueur d'vn temps si mal-heureux,
Ie peusse conceuoir des pensers amoureux:
Helas, il paroist bien que l'Amour pour mes crimes,
M'alluma dans le cœur ces feux illegitimes!
Car enfin il arriue, ou souuent, ou tousiours,
Que l'aise & le repos engendrent les Amours:
Mais qu'ils ayẽt pris naissãce au milieu des allarmes,
Et qu'ils ayent allumé leurs flãbeaux dans les larmes,
C'est bien vn accident aussi prodigieux,
Que d'vn sort non commun il est presagieux.

CORISBE.

Madame tout est prest, & pour le sacrifice,
Et pour le vœu public,

SOPHONISBE.

Allons y donc Phenice,
Et de peur de prier contre mon propre bien,
En adorant les Dieux ne leur demandons rien.

Fin du premier Acte.

LA SOPHONISBE.

TRAGEDIE

DE MAIRET.

ACTE II.

SCENE I.

SOPHONISBE, CORISBE, & PHENICE.

PHENICE.

E N fin toute la ville est dessus la muraille,
D'où, cōme d'vn theatre, elle void la bataille,
Et vostre Majesté, sans aller loin d'icy,
Si c'estoit son plaisir, la pourroit voir aussi.

SOPHONISBE.

Non, i'ay trop de frayeur, & suis trop desolée,
Pour voir ceste mortelle & douteuse meslée,
Où Mars & la Fortune acheuent le Destin,
Et du peuple Africain, & du peuple Latin.
Mais si vous souhaitez ce tragique spectacle,
Pour le voir sans danger ainsi que sans obstacle,
Rendez-vous au sommet de la plus haute tour,
D'où l'œil descouure à plain tous les chãps d'alentour;
Et que de temps en temps l'vne ou l'autre descende,
Pour m'asseurer tousiours des maux que i'apprehẽde:
Car quelque grand combat que Syphax ayt rendu,
I'en espere si peu, que ie le tiens perdu,
Tant nos communs desseins ont vn malheur estrange.

CORISBE.

Madame, en vn moment la fortune se change,
Fait rire bien souuent ceux qu'elle a fait pleurer,
Et soumet sa malice à qui peut l'endurer,

SOPHONISBE seule.

O sagesse! ô raison! adorables lumieres,
Rendez à mon esprit vos clartez coustumieres,

C iij

Et ne permettez pas que mon cœur endormy,
Faſſe des vœux ſecrets pour ſon propre ennemy,
Ny que mes paſſions auiourd'huy me reduiſent
A vouloir le ſalut de ceux qui me deſtruiſent.
Mais ie reclame en vain cette foible raiſon,
Puis que c'eſt vn ſecours qui n'eſt plus de ſaiſon,
Et qu'il faut obeïr à ce Dieu qui m'ordonne
De ſuiure les conſeils que ſa fureur me donne.
Ie ne puis ignorer qu'à ce meſme moment,
Que ie paſſe ma vie auec tant de tourment,
Ce ieune Conquerant ne ſonge & ne trauaille,
A ioindre ma Couronne au gain d'vne bataille;
Et qu'il ne ſœt rauy de m'auoir en ſes mains,
Pour ſeruir de trophée aux triomphes Romains.
Cependant tant s'en faut que ie bruſle d'enuie,
De conſeruer ma gloire aux deſpens de ſa vie,
Qu'il eſt tres-aſſeurè que ie mourrois de deuïl,
Si le glaiue des miens l'auoit mis au cercueil.
O! vous hommes vaillants de qui les funerailles
Se font dans la meſlée au pied de nos murailles,
Et qui faiſant bouclier & rempart de vos corps,
Souſtenez du Romain les ſuperbes efforts;
Que vous employez mal ceſte valeur inſigne,
Pour vn ſubiect ingrat, qui n'en fut iamais digne:

A quoy tant de combats, si grands & si connus,
Auec tant de valeur donnez, & soustenus;
Si bien loin d'obliger, vostre courage offence
Celle dont vostre zele entreprend la deffence?
Puis que son interest en amour conuerty,
Luy fait aymer le Chef de contraire party.
Que vous sert de deffendre auecque tant de peine,
Les portes & les tours qui couurent vostre Reine,
Si desia l'insensée ayme tant son vainqueur,
Que d'en porter l'image au milieu de son cœur?
Que vous sert de deffendre vne place renduë,
En voulant conseruer sa liberté perduë?
Plutost, braues sujets, armez-vous contre moy,
Qui suis le plus mortel des ennemis du Roy;
Et qui fais de mon cœur le temple et la retraite,
De celuy qui poursuit vostre entiere deffaite.
Reuenez du combat, ou vainqueurs ou vaincus,
M'accabler sous le faix de vos larges escus,
Moy qui trahis mon nom, ma gloire, & ma patrie,
Pour aymer Massinisse auec idolatrie.
O funeste rencontre! ô mal-heureux moment,
Où le sort me fit voir ce visage charmant!
Quel orgueil vers le Ciel, ou quelle ingratitude,
Auoit pû m'attirer vn chastiment si rude?

Quel crime enuers l'Amour pouuois-ie auoir commis,
Qu'il a iuré ma perte auec mes ennemis?
En fin si ma deffaicte importoit à sa gloire,
Il pouuoit l'establir par vne autre victoire.
Mais qui ne cognoist pas qu'en ceste occasion,
Il la cherchoit bien moins que ma confusion?
Estoit-ce, Sophonisbe, vn crime necessaire,
D'aymer vn Massinisse, vn mortel aduersaire,
Vn amy des Romains, & de qui la valeur
Donne les derniers coups à mon dernier mal-heur;
Puis qu'en ce mesme instant que ie plains & souspire,
Peut-estre que Syphax a perdu son Empire,
Et que dans peu de temps : mais voicy de retour
Mes filles sans couleur, qui viennent de la tour:
Leur crainte me faict peur : n'importe, allons entendre
Ce qu'il faut que ie sçache, & que ie n'ose apprendre.
Et bien qu'auez-vous veu?

CORISBE.

                 le plus rude combat,
Qui se verra iamais.

SOPHONISBE.

               O Dieux! le cœur me bat,
                            Et

Et m'annonce desia que nous auons du pire.

PHENICE.

C'est ce qu'asseurement nous ne sçaurions vous dire,
Car ou re que de soy la distance des lieux,
Montroit confusement les obiects à nos yeux :
C'est qu'vn nuage espais de poudre & de fumée,
Nous empeschoit de voir & l'vne & l'autre armée.
Nous voyions seulement esclatter dans les airs,
A trauers la poußiere vne suitte d'esclairs,
Qui sortoient à longs traits de flammes ondoyantes,
De l'acier bien poly de leurs armes luysantes;
Parmy cela, des cris pouſſez de temps en temps,
Meslez & confondus aux coups des combatans,
De qui le bruit terrible en frappant nos oreilles,
Nous portoit dans l'esprit des frayeurs nompareilles.

CORISBE'.

Aussi n'auons-nous pû ma compagne ny moy,
Soustenir plus long-temps ces matieres d'effroy :
C'est la raison pourquoy nous sommes descenduës,
Et tremblantes d'horreur, & de crainte esperduës.

SOPHONISBE.

Et le peuple ?

D

CORISBE.

Le peuple! il est sur les remparts,
Qui pousse vers le Ciel ses cris & ses regards,
Autant pour tesmoigner sa foiblesse ordinaire,
Que pour encourager les nostres à bien faire:
Et lon en voit beaucoup par des chemins diuers,
Aller faire leurs vœux dans les Temples ouuers:
De maniere que Cirte en toute son enceinte,
N'est riē qu'vn grād tableau de desordre & de crain-
Mais apres tāt de maux, possible que les Dieux, (.te.
Changeront auiourd'huy nos fortunes en mieux.

SOPHONISBE.

Ha! Corisbé, le Sort a iuré ma ruyne,
Et la puissance humaine a choqué la diuine:
Les Dieux, que mon bon-heur a sans doute lassez,
Ne sont pas satisfaits de mes mal-heurs passez,
Et ie m'ose moy-mesme à moy-mesme predire,
Qu'ils me gardent encor quelque chose de pire.
Les songes que ie fais depuis deux ou trois nuits,
Ne me presagent pas de vulgaires ennuis:
Et ce qui m'en-asseure auec plus de science,
C'est que moy, qui bien loin de leur donner creance,
Les ay tousiours tenus ridicules, trompeurs,
Et produits d'vn amas de grossieres vapeurs,

Ie ne puis m'empefcher fi bien, que ie refifte
De croire à ces derniers, qui n'ont rien que de trifte.

PHENICE.

Madame, volontiers nos feules paßions,
Sans fuitte & fans deßein font ces impreßions ;
Et noftre fantaifie en dormant s'imagine,
Suiuant les qualitez de l'humeur qui domine.
Si les penfers du iour font remplis de foucy,
Les fonges de la nuict feront fafcheux außi.
Vrayment vous n'auez garde en l'eftat où vous eftes,
De fonger des feftins, des dances, & des feftes.
Voftre efprit inquiet, trifte, noir, foucieux,
Ne vous produira pas des fonges gracieux.
Ne redoutez donc plus ces monftres en peinture,
Et ne prefumez pas de voir voftre auanture
Dans ces miroirs obfcurs, qui dõnent, quoy que faux,
Aux credules efprits de veritables maux.
Mais quelqu'vn ce me femble a fait bruit à la porte;
Iray-ie ouurir?

SOPHONISBE.

Allez, c'eft quelqu'vn qui m'apporte
La nouuelle du bien ou du mal que i'attens.

D ij

ACTE II.

SCENE II.

CALIODORE, Meſſager.

A! Phénice, le Roy!

PHENICE.

     Dieux! qu'eſt-ce que i'entens?
Mais de grace de peur de ſurprendre la Reyne,
Deſguiſe luy d'abord le ſubiect qui t'ameine.

CALIODORE.

Si feray, ſi ie puis; mais i'aprehende bien,
Qu'vn eſprit penetrant & clair comme eſt le ſien,
Ne le découure trop,

SOPHONISBE.

     Et bien, Caliodore;
Le Deſtin de iadis nous pourſuit-il encore?
Et ce meſme mal-heur tant de fois eſprouué,
A-t'il à nos deſpens le combat acheué?

Parlez; si peu d'espoir de mon bon-heur me reste,
Que ie n'attens de vous qu'un message funeste.

CALIODORE.

Madame, il est bien vray que le Ciel en courrous,
Frappe encore auiourd'huy visiblement sur nous,
Et qu'il est mal-aisé de vaincre la Fortune,
Quand elle veut monstrer sa derniere rancune.
Certes iamais l'espoir de voir nostre vertu,
Releuer auiourd'huy vostre Empire abbatu,
Ne flata nostre armée auec plus d'apparence,
Et ne la fit combatre auec plus d'asseurance.
D'abord tout a fait iour aux merueilleux efforts,
Dont nous auons couuert la campagne de morts.
Deux fortes Legions superbement armées,
Et presque de tout temps à vaincre accoustumées,
N'ayant pû soustenir nos bataillons pressez,
Ont tombé sur les leurs, qu'elles ont renuersez,
Et se monstrant alors à la peur accessibles,
Ont perdu contre nous le tiltre d'Inuincibles,
A ce premier succez plus forts qu'auparauant,
Nous poussons hardiment nos armes plus auant:
Le Roy tout le premier payant de sa personne,
Nous conduit à leur camp, que l'on nous abandonne.

D iij

Par vn combat si foible & si peu resolu,
Que nous pouuions iuger qu'on l'auoit bien voulu,
Et que ce stratageme estoit vn coup de maistre,
Comme l'euenement le fit bien-tost parestre.
Car au lieu d'acheuer l'ouurage glorieux,
Qui deuoit couronner nos fronts victorieux,
Le soldat en desordre imprudemment s'engage,
Tant à brusler le camp, qu'à piller le bagage;
Et soulant de butin son auare apetit,
Ne sent pas que par là son ardeur s'alentit.
Sur cét amusement l'ennemy se r'allie;
D'vn costé Maßinisse, & de l'autre Lelie,
Sans nous donner loisir de reprendre nos rangs,
Viennent fondre sur nous, comme deux fiers torrens.

SOPHONISBE.

Que sert de me cacher le poignard qui me tuë?
Non, non, il faut mourir la bataille est perduë.

CALIODORE.

Vous l'auez dit, Madame, et c'est la verité;
Mesme s'il faut tout dire à vostre Majesté,
C'est que si les Romains, comme il est trop à croire,
Mesnagent mieux que nous le fruit de leur victoire,

Ils entreront dans Cirte auſſi facilement,
Que s'ils n'y treuuoient pas vn ſoldat ſeulement:
Le peuple eſpouuanté leur ouurira les portes,
Des qu'il verra venir leurs premieres cohortes.

SOPHONISBE.

Le Roy par conſequent eſt mort, ou priſonnier?

CALIODORE.

De tous nos maux publics c'eſt icy le dernier,
Il eſt vray qu'en monſtrant ſa valeur infinie,
Ce Prince mal-heureux a ſa trame finie.

SOPHONISBE.

Pluſtoſt qu'il eſt heureux de n'auoir pas veſcu,
Pour eſtre à la mercy de ceux qui l'ont vaincu!
,, Et qu'il eſt importun de conſeruer ſa vie,
,, En vn temps où la mort eſt ſi digne d'enuie!

PHENICE.

Madame, en vn mal-heur ſi grand, & ſi preſſant,
Il faut faire pareſtre vn eſprit agiſſant,
Et penſer qu'en l'eſtat où vous eſtes reduite,
Vous deuez ſur le champ vous reſoudre à la fuite,

En pareil accident les pleurs sont superflus,
Et la perte du temps ne se repare plus.

SOPHONISBE.

Bons Dieux! quel bruit de peuple entremeslé de
plaintes,
Replonge mon esprit en de nouuelles craintes?

ACTE II

SCÉNE III.

CALIODORE.

Adame attendez-moy, i'iray voir s'il vous
plaist,
D'où prouient ce tumulte.

SOPHONISBE.

luy, sçachez ce que c'est.

Elle demeure seule, parlant à ses filles.

O vous

O vous de mes trauaux compagnes genereuses,
Faut - il que mes mal-heurs vous rendent mal-
　heureuses?
Et que l'affection que vous auez pour moy,
Mette vostre disgrace au poinct où ie la voy ?

CORISBE'.

Hé! Madame, plaignez voste seule infortune,
Et souffrez qu'auec vous elle nous soit commune:
En cela seulement le Sort nous fait plaisir,
Et veut bien nous traitter selon nostre desir.
Ceste mesme rigueur du mal qui nous afflige,
En la souffrant pour vous nous plaist & nous oblige:
Comme nous eusmes part à vos prosperitez,
Il faut bien nous sentir de vos aduersitez.

SOPHONISBE.

O Miracle de foy, d'amour & de sagesse,
Digne d'vn autre Sort, & d'vne autre Maïstresse.

CALIODORE reuenu.

Madame il n'est plus temps ny de dissimuler,
Ny de vous taire vn mal qui ne se peut celer.

E

La Sophonisbe

La ville s'est renduë, ou du moins se va rendre,
Et delà vient le bruit que nous venons d'entendre.
Massinisse en personne est deuant nos remparts,
Où chacun pour le voir accourt de toutes parts.

SOPHONISBE.

Il faut donc à mon ayde appelant mon courage,
Euiter par la mort la honte du seruage.
Sus donc, qui de vous trois me prestera la main,
Qui de vous au besoin sera le plus humain ?
Toy fidelle subiect, si ma cheute certaine,
Me laisse encor sur toy la qualité de Reyne,
Employe ton espée à cét acte d'amour,
(Puis que c'est m'aymer bien que me priuer du iour,)
Despesche, et n'attěds pas que Rome ayt l'aduantage
De triompher en moy de l'honneur de Cartage.

CALIODORE.

Pour tels commandemens mon cœur a protesté,
De n'obeyr iamais à vostre Majesté.

SOPHONISBE.

Helas! de quel endroit esperer du remede,
Si les miens auiourd'huy me refusent leur ayde?

PHENICE.

Comme on ne doute point qu'vn mal deseseperé,
N'ayt tousiours en la mort vn remede asseuré,
Ce remede est aussi le dernier qu'on essaye,
Et qu'on doit appliquer à la derniere playe.
Pour moy ie suis d'auis qu'oubliant le trespas,
Vous tiriez du secours de vos propres apas.
Vous n'aurez pas besoin de beaucoup d'artifice;
Pour vous rendre agreable aux yeux de Maßinisse,
Essayez de gaigner son inclination,

SOPHONISBE.

Pleust aux Dieux !

PHENICE.

        Il est ieune, & d'vne nation,
Qui par toute l'Afrique est la plus renommée,
Pour aymer außi-tost, & vouloir estre aymée.
De grace, au nom des Dieux essayez le pouuoir,
Que sur vn cœur Numide vn bel œil doit auoir,
Et donnez ceste espreuue à nos communes larmes.

SOPHONISBE.

Ie n'attends rien du tout du costé de mes charmes.

La Sophonisbe

Ce remede, Phenice, est ridicule & vain;
Il vaut mieux se seruir de celuy de la main,
Et d'vn coup genereux, digne de mon courage,
Me ietter dans le port en dépit de l'orage:
Mais pour vous contenter, ie me force, & veux bien
Faire vne lascheté qui ne serue de rien.

Fin du 2. Acte

LA
SOPHONISBE,
TRAGEDIE
DE MAIRET.

ACTE III.

SCENE I.

MASSINISSE.

GRACE aux Dieux, ceste insigne & der-
  niere victoire,
 Me rend tous les rayons de ma premiere
Il est mort ce barbare & lasche Vsurpateur, (gloire.
Qui de tant de combats fut l'object & l'autheur.

E iij

Le Ciel par sa ruyne a fait voir à la terre,
Qu'vn succez mal-heureux suit vne iniuste guerre.
O vous à qui ie doy la fortune & l'honneur,
Instruments & tesmoin de mon dernier bon-heur,
Croyez, chers compagnons, dont les armes prospères,
M'ont ouuert le chemin au throsne de mes peres;
Que par vos longs trauaux mon repos restably,
N'est pas dans mon estime vn bien digne d'oubly.
Ie sçay trop quel salaire exigent vos seruices,
Et que l'ingratitude est le plus noir des vices:
Mais il nous reste encore à faire vne action,
Qui conduise ma gloire à sa perfection.

PHILIP.

Magnanime Empereur, disposez de nos vies;
Et si vous conceuez de plus hautes enuies,
Si l'Estat de Syphax ne vous contente pas,
Poussez vos vœux plus outre, et nous suiurõs vos pas.
Sous l'auœu du Senat vous pouuez entreprendre
De nous mener plus loing que ne fut Alexandre.
Vous possedez l'amour de quatre Legions,
Qui vous peuuent donner autant de regions,
Et qui ne cedent pas à ces vieilles Phalanges,
Qui virent tant de mers et de terres estranges.

MASSINISSE.

Ie ne refuse pas, inuincibles Romains,
Ny ces cœurs genereux, ny ces puiſſantes mains,
Qui par tout l'Vniuers quand les cauſes ſont bonnes,
Oſtent comme il leur plaiſt, & donnent les Couronnes.
Ie ſçay que vous m'aymez, & que voſtre amitié,
Eſtablit ma puiſſance, & l'accroit de moitié.
Enfin que vous pourriez, ſi vous le vouliez faire,
Rendre touts l'Afrique à mes vœux tributaire:
Mais ſes bons mouuemens que vous auez pour moy,
Se doiuent reſeruer pour vn meilleur employ;
Et pour l'acheuement d'vne plus grande choſe,
Que celle que ie veux, & que ie vous propoſe.

PHILIP.

Commandez ſeulement, & dites ce qu'il faut.

MASSINISSE.

Aller droit au Palais, & l'emportez d'aſſaut,
S'il eſt vray, comme on dit, qu'il faſſe reſiſtance;
Non que de ſoy le lieu ſoit de telle importance,
Qu'il faille abſolument, ſans attendre à demain,
Au prix de noſtre ſang l'auoir à coups de main:

Mais c'est que Sophonisbe à l'extreme reduite,
S'y trouue enuelopée auec toute sa suite.
Or ie crains qu'attendant iusqu'à demain matin,
Ceste longueur ne nuise à l'Empire Latin:
Car si ceste Africaine, aussi fine que belle,
Employe à se sauuer quelque ruse nouuelle,
Il a tousiours en elle vn puissant ennemy,
Et nous n'auons gaigné ny vaincu qu'à demy;
Outre que ceste Reyne en beautez nompareille,
Doit de nostre triomphe accomplir la merueille,
Qui sans cest ornement sera defectueux,
Et rendra moins brillans vos actes vertueux.
Allons donc de ce pas attaquer ceste place,
Que deffend vne foible et lasche populace:
Que s'il faut l'emporter par vn sanglant moyen,
Separez le soldat d'auec le citoyen:
Espargnez, s'il se peut, ce peu vaillantes ames,
Et sur tout respectez la Princesse & ses fâmes,
Et qu'en faueur du sexe, ou de la qualité,
On ne fasse à pas vne aucune indignité.

ACTE III.
SCENE II.

SOPHONISBE, PHENICE, CORISBE.

SOPHONISBE

PHENICE encore vn coup, tandis qu'il
m'est loisible,   (faillible.
Que i'applique à mes maux vn remede in-
Celuy que ie propose, outre qu'il est honteux,
Ne promet qu'vn effect extremement douteux:
Le pouuoir de mes yeux, s'il faut que ie le tente,
Vaut moins que le secours que ma main me presente:
C'est le plus prompt de tous, comme le plus certain,
Et le plus digne aussi d'vn courage hautain.
Vn seul coup de poignard espuisera mes veines,
Et presque sans douleur acheuera mes peines.
Ha! que desia sans vous i'aurois bien esuité.
La honte & le mal-heur de la captiuité!

F

PHILIP.

Donnez-vous, s'il vous plaiſt, un peu de patience,
Et de voſtre beauté faites experience;
Sçachez ce qu'elle vaut, & ce que vous pouuez:
Mais comment le ſçauoir, ſi vous ne l'eſprouuez?

CORISBE.

De fait la desfiance où Madame ſe treuue,
Ne peut venir d'ailleurs que d'un mãque d'eſpreuue.

SOPHONISBE.

Coriſbé prenez garde à l'eſtat où ie ſuis,
Et par là, comme moy, voyez ce que ie puis.
Quand hier i'aurois eſté la viuante peinture
Des plus rares beautez qu'on voit en la Nature,
Le moyen que mes yeux conſeruent auiourd'huy,
Vne extreme beauté ſous un extreme ennuy?
Et n'ayant plus en moy que des attraits vulgaires,
Ils ne toucheroient point, ou ne toucheroient gueres:
De ſorte qu'apres tout ie conclus qu'il vaut mieux,
Eſſayer le ſecours de la main que des yeux.

CORISBE´.

Madame, si vos yeux n'ont pas assez d'amorce,
Vos mains au pis aller auront assez de force,
Pour vous faire sentir la pointe d'vn poignard:

SOPHONISBE.

Mais peut-estre qu'alors ie le voudray trop tard,
Et que ie n'auray pas vn glaiue qui me tuë.

PHILIP.

Ce que le fer ne peut la douleur l'effectuë,
Tant de chemins diuers conduisent au trespas,
Que qui n'en treuue point, veut bien n'en treuuer pas:
Il faut donc, s'il vous plaist, vous resoudre à la vie,
Et rauir la franchise à qui vous l'a rauie.
Pour moy ie ne voy point qu'à vostre seul aspect,
Il ne brusle d'amour, et tremble de respect:
Et qu'à son iugement vous n'emportiez la pomme
Sur toutes les beautez de Capouë & de Romme.
Au reste la douleur ne vous a point esteint,
Ny la clarté des yeux, ny la beauté du teint:
Vos pleurs vous ont lauée, & vous estes de celles,
Qu'vn air triste & dolent rend encore plus belles.

Vos regards languissants font naistre la pitié,
Que l'amour suit par fois, & tousiours l'amitié;
N'estant rien de pareil aux effects admirables,
Que font dãs les beaux cœurs des beautés miserables.
Croyez que Massinisse est vn viuant rocher,
Si vos perfections ne le peuuent toucher,
Et qu'il est plus cruël qu'vn Tygré d'Hircanie,
S'il exerce enuers vous la moindre tirannie.

ACTE III.

SCENE III.

CALIODORE suruenant.

MADAME, Maßiniße eſt dans la
grande court,
Qu'on prendroit pour vn Temple où tout le
monde accourt,
Tant ſes ſoins d'empeſcher le deſordre & l'outrage,
Des plus eſpouuantez, aſſeurent le courage;
Au reſte ſi benin, que voſtre Majeſté
Doit beaucoup eſperer de ſon humanité.
Mais le degré Royal retentit ce me ſemble,
D'vn grand bruit de boucliers:

SOPHONISBE.

Ha! Phenice, ie tremble.

PHENICE.

C'eſt pourtant maintenant qu'il ſe faut aſſeurer,
Et luy tirer des traits qu'il ne puiſſe parer,

Si tost qu'il entrera faictes luy la harangue,
Que la neceßité vous mettra sur la langue;
Et dont les doux regards & les soûpirs frequents
Faßent les plus beaux traicts, & les plus eloquents.
Au reste vn ieune esprit facilement s'engage,
Par la douceur des yeux, du geste & du langage.
Que vostre Majesté ne refuse donc pas,
D'attaquer son vainqueur auec tous ses appas.

VŒV DE SOPHONISBE A L'AMOVR.

Voicy, puißant Amour, vn subiect aßez ample,
Pour laißer de ta force vn memorable exemple.
Entreprens ce miracle, afin que les mortels,
De soûpirs & d'encens eschauffent tes autels:
Fay-donc, & ie te vouë vn Temple magnifique,
Comme au Restaurateur des affaires d'Afrique.

ACTE III.

SCENE IIII.

MASSINISSE. SOPHONISBE. PHENICE. CORISBE.

MASSINISSE
entrant auec ses soldats.

SOLDATS attendez-moy, n'entrez pas
plus auant,
La majesté du lieu ne veut point de suiu-
uant:
Autant que sa douleur sa beauté nous la monstre,
Qui d'vn pas triste & lent nous vient à la rencontre.

HARANGVE DE MASSINISSE.

Madame, ie sçay bien que c'est renouueler,
Ou croistre vos ennuys, que de vous en parler;
Et qu'il me sieroit mieux d'auoir la bouche close,
Que de vous consoler du mal que ie vous cause.
Mais vos Dieux & les miens, à qui rien n'est segret,
Sçauent qu'en vous perdant ie vous perds à regret;
Et qu'en quelque façon mon bon-heur m'importune,
Pource qu'il ne me vient que de vostre infortune.
Mais puis que le Destin, pour mõstrer qu'il vous hait,
N'a pas laissé la chose au gré de mon souhait,
Treuuez bon que mon cœur vous iure par ma bouche,
Que tres-sensiblement vostre douleur le touche;
Et qu'il diminûroit & vos maux & vos soins,
Si pour y prendre part il vous en restoit moins.
Ne m'estant pas permis d'empescher vos miseres,
Ie feray pour le moins qu'elles vous soient legeres;
Et si ie ne le puis, i'auray soin en tout cas
Que de nouueaux mal-heurs ne les agrauent pas,
Et qu'on vous traitte en Reyne, & non pas en captiue;
Rendez donc l'asseurance à vostre ame craintiue,
Et que vostre douleur se dispose à songer,
En quoy les miens ou moy la pouuons soulager.

RES-

RESPONSE DE SOPHONISBE.

C'eſt bien tres-iuſtement, ô Vainqueur magnanime,
Que le monde eſt remply du bruit de voſtre eſtime:
Vos rares qualitez m'aprennent la raiſon
Du mal-heur obſtiné qui ſuit noſtre maiſon.
Leur eſclat eſt ſi grand, que la Fortune meſme,
Toute aueugle qu'elle eſt, les cognoiſt & les ayme;
Et vous fauoriſant agit ſi ſagement,
Qu'elle monſtre en cela qu'elle a du iugement.
Mais pour le iuſte prix d'vne vertu ſi haute,
Si par de plus grands biens que ceux qu'elle nous oſte,
L'inconſtante n'adiouſte à vos proſperitez,
Vous auez beaucoup moins que vous ne meritez.
Aſſez de Conquerants à force de puiſſance,
Rengent les Nations à leur obeyſſance;
Mais fort peu ſçauent l'art de vaincre les eſprits,
Et de bien meriter le Sceptre qu'ils ont pris.
Il n'appartient qu'à vous de faire l'vn & l'autre,
C'eſt la propre vertu d'vn cœur comme le voſtre:
Meſme c'eſt vn Deſtin, que les Roys ennemis
Sont d'abord odieux à ceux qu'ils ont ſoumis,
Où voſtre courtoiſie, ô Vainqueur debonnaire,
Faict vn miracle en moy qui n'eſt pas ordinaire.

G

Tant s'en faut que voſtre heur m'oblige à murmurer,
Que ie demande aux Dieux de le faire durer;
Et vous n'aurez iamais vne grandeur parfaite,
Que lors que vous aurez ce que ie vous ſouhaite.
Les preſens que le Sort vous fait à mes deſpens,
Ne ſont pas le ſubiect des pleurs que ie reſpans;
Ie voy voſtre bon-heur, ſans haine, & ſans enuie,
Et ie plains ſeulement le malheur de ma vie,
Qui m'eſt d'autant plus dur, que m'ayant tout oſté,
Eſperance, Repos, Fortune, Liberté,
Pour faire de tout poinct mon Deſtin pitoyable,
Il m'oſte le moyen de me rendre croyable.
Dans la condition du temps où ie me voy,
Ie vous ſeray ſuſpecte, ou peu digne de foy.
Mais n'ayant quaſi plus qu'eſperer & que craindre,
Il me ſieroit fort mal de flater ou de feindre;
Et ie me hayrois, ſi i'auois racheté
L'Empire de Syphax par vne laſcheté.

PHENICE.

Ma Compagne, il ſe prend.

MASSINISSE.

O Dieux : que de merueilles,
Enchantent à la fois mes yeux & mes oreilles!

Certes iamais esprit n'eut vn plaisir si doûx,
Que celuy que ie sens d'estre estimé de vous.
Mars n'a point de Lauriers dont la gloire me touche,
Au prix d'estre loüé d'vne si belle bouche:
Mais ie n'auray iamais qu'vn bon-heur imparfait,
Si vostre compliment n'est suiuy de l'effect;
Si vous ne tesmoignez estimer Massinisse,
En luy donnant subiect de vous rendre seruice.
Commãdez donc, Madame, espreuuez auiourd'huy
Le pouuoir absolu que vous auez sur luy;
Et tout mal-heur le suiue, au cas qu'il ne vous serue,
Aux choses qu'il pourra, sans feinte et sans reserue.

SOPHONISBE.

Grand Roy, puis qu'il vous faut vn sujet mal-heu-
Où pouuoir exercer vos actes genereux;   (reux,
Pour ne me rendre pas vostre grace inutile,
Ie ne vous feray point de requeste inciuile.

PHENICE.

La victoire est à nous, ou ie n'y connoy rien.

SOPHONISBE.

Non, ie ne veux de vous ny puissance ny bien:

G ij

Ie ne demande pas à vos mains liberales,
Ny mon Sceptre perdu, ny ses pompes royales :
Car i'atteste les Dieux, que quand ie les aurois,
Auec l'ame & le cœur ie vous les donnerois :
Mais si le sentiment de la misere humaine,
Vous fait auoir pitié d'vne dolente Reyne,
N'aguere l'ornement de sa condition,
Et maintenant l'obiect de la compassion;
Donnez-moy l'vn des deux, ou que iamais le Tibre,
Ne me reçoiue esclaue, ou que ie meure libre.
Nous vous en coniurons mes disgraces et moy,
Par le nom Africain, par le tiltre de Roy,
De qui la Majesté de tout temps sacre-sainte,
Souffriroit en ma honte vne publique atteinte :
Par les Sceptres que i'eus, par ceux que vous auez,
Par ces sacrez genoux de mes larmes lauez,
Par ces vaillantes mains tousiours victorieuses,
Bref par vos actions en tout si glorieuses.

MASSINISSE.

Dieux ! faut-il qu'vn Vainqueur expire sous les coûs
De ceux qu'il a vaincus ?
                                   Madame, leuez-vous,

SOPHONISBE.

Non, Seigneur, que mes pleurs n'obtiennent ma demande:

MASSINISSE.

Vous obtenez encor vne chose plus grande;
C'est vn cœur que beauté n'a iamais asseruy,
Et que presentement la vostre m'a rauy.

SOPHONISBE.

En l'estat où ie suis il faut bien que i'endure
L'outrageuse rigueur de vostre procedure:
Mais sçachez que iamais vn genereux Vainqueur,
N'afligea son vaincu d'vn langage moqueur.

MASSINISSE.

Ha! Madame, perdez ceste iniuste creance,
Qui dans sa fausseté me nuit, & vous offence;
Iugez mieux des respects qu'vn Prince doit auor,
Et dans vostre beauté voyez vostre pouuoir.
Trop de gloire pour moy se treuue en ma deffaite
Pour la desaduoüer, et la tenir secrette.
Vantez -vous d'auoir faict auec vos seuls regards,
Ce que n'ont iamais pû ny les feux, ny les dards,

Il est vray, i'affranchis vne Reine captiue,
Mais de la liberté moy-mesme ie me priue:
Mes transports violents, & mes soûpirs non feints,
Vous descouurent assez le mal dont ie me plains.

SOPHONISBE.

Certes ma vanité seroit trop ridicule,
Ou i'aurois vn esprit extrémement credule,
Si ie m'imaginois qu'en l'estat où ie suis,
Captiue, abandonnée, au milieu des ennuis,
Le cœur gros de soûpirs, & les yeux pleins de larmes,
Ie conseruasse encor des beautez & des charmes,
Capables d'exciter vne ardente amitié.

MASSINISSE.

Il est vray que d'abord i'ay senty la pitié;
Mais comme le Soleil suit les pas de l'Aurore,
L'Amour qui l'a suiuie, & qui la suit encore,
A fait en vn instant dans mon cœur embrazé,
Le plus grand changement qu'il ait iamais causé.

SOPHONISBE.

Il est trop violent pour estre de durée:

MASSINISSE.

Ouy, car en peu de temps la mort m'est asseurée.

Si vous ne consolez d'vn traictement plus doux,
Celuy qui desormais ne peut viure sans vous.

CORISBE'.

Comme de plus en plus cét esprit s'embarasse !
MASSINISSE.

Donnez-moy l'vn des deux, la mort, ou vostre grace.
Nous vous en coniurons mes passions & moy,
Non par la dignité de Vainqueur & de Roy,   (tre,
Puis qu'Amour me fait perdre & l'vn & l'autre ti-
Mais par mon triste Sort, dont vous estes l'arbitre;
Par mon sang enflammé, par mes soûpirs brûlans,
Mes transports, mes desirs, si prompts, si violents,
Par vos regards, ces traicts de lumiere & de flame,
Dont i'ay senty les coups au plus profond de l'ame :
Et par ces noirs tirans dont i'adore les loix,
Ces vainqueurs des vainqueurs, vos yeux maistres
En fin par la raisõ que vous m'auez ostée,   (des Rois;
Rendez-moy la pitié que ie vous ay prestée:
Ou s'il faut dans mon sang noyer vostre courrous,
Que ce fer par vos mains m'immole à vos genous :
Victime infortunée & d'amour & de hayne:
SOPHONISBE.

Vostre mort au contraire augmenteroit ma peine,

Mais plaignez, ô grand Roy, vostre sort & le mien,
Qui par necessité rend le mal pour le bien :
Ie vous plains de souffrir, & moy ie suis à plaindre,
D'allumer vn brasier que ie ne puis esteindre.

MASSINISSE.

Quand on n'a point de cœur, ou qu'il est endurcy;

SOPHONISBE.

C'est pour en auoir trop que ie vous parle ainsi.

MASSINISSE.

Ce discours cache vn sens que ie ne puis entendre:

SOPHONISBE.

Ce discours toutesfois est facile à comprendre,
Le deplorable estat de ma condition,
M'empesche de respondre à vostre affection:
La vefue de Syphax est trop infortunée,
Pour auoir Massinisse en second Hymenée;
Et son cœur genereux formé d'vn trop bon sang,
Pour faire vne action indigne de son rang:
Car enfin la Fortune auec toute sa rage,
M'a bien osté le Sceptre, & non pas le courage.

Je sçay

Ie sçay qu'vsant des droicts de Maistre & de Vain-
Vous pouuez me traicter auec toute rigueur : [queur,
Mais i'ay creu iusqu'icy que vostre ame est trop hau-
Pour le simple penser d'vne si lasche faute.   (te,

MASSINISSE.

Croyés-le encor, Madame, & sçachez qu'en ce poinct,
Vostre creance & moy ne vous trôperons point.
Donc pour vous faire voir que c'est la belle voye,
Par où ie veux monter au comble de ma ioye ;
Puis que Syphax n'est plus, il ne tiendra qu'à vous,
D'auoir en Massinisse vn legitime espous.

SOPHONISBE.

Quelles Reynes au monde en beautez si parfaictes,
Ont iamais merité l'honneur que vous me faictes ?
O merueilleux excez de grace & de bon-heur,
Qui met vne Captiue au lict de son Seigneur !

MASSINISSE.

Puis que vous me rendez le plus heureux des hômes,
Ma violente ardeur, & le temps où nous sommes,
Ne me permettent pas de beaucoup differer
Vn bien le plus parfaict qu'on sçauroit esperer.

H

C'est pourquoy treuuez bon qu'en la forme ordinaire,
Le flambeau d'Hymenée auiourd'huy nous esclaire,
Tant pour haster le temps d'vn bien qui m'est si cher,
Que pour d'autres raisons qui pourroiët l'empescher,
Et que pour le present il faut que ie vous taise;
Cependant permettez que ie prenne à mon aise
Vn honneste baiser, pour gage de la foy,
Que le Dieu conjugal veut de vous et de moy.

Il la baise.

O transports! ô baiser de nectar & de flamme,
A quel rauissement esleues-tu mon ame!
Madame, s'il vous plaist, i'iray voir mes soldats,
Et les ordres donnez ie reuiens sur mes pas.
Adieu, vous voyez trop en mon visage blesme,
Que m'arracher de vous, c'est m'oster à moy-mesme.

Il s'en va.

SOPHONISBE.

O miracle d'amour à nul autre pareil!

PHENICE.

Peut estre vne autrefois vous suiurez mon conseil?

SOPHONISBE.

Ha! Phenice, il est vray qu'vne telle merueille,
Fait que tres-iustement ie doute que ie veille,

Et qu'vn songe trompeur n'abuse mes esprits.

PHENICE.

Madame, le Numide est tellement espris,
Son brasier est si grãd, qu'il ne vous faut pas creindre,
Que rien que le trespas ait pouuoir de l'esteindre.
Cependant en cecy la prudence des Dieux,
Contre nos sentimens a fait tout pour le mieux.
S'il auoit auiourd'huy vostre lettre receuë,
Vos desseins n'auroient pas vne si bonne issuë.
S'il sçauoit seulement que vous l'auez chery,
Vous l'auriez pour amant plutost que pour mary.
Croyez asseurément que vostre modestie,
Fait de sa passion la meilleure partie.
C'est pourquoy tenez bon, & ne relaschés point,
Que l'ouurage entrepris ne soit au dernier poinct.
Apres quand vous serez sa veritable fâme,
Vous pourrez luy montrer vostre premiere flâme,
Afin qu'il vous cherisse auecque plus d'ardeur,
Voyant que vous l'aymez, et non pas sa grandeur.
Allons donc acheuer les apprests necessaires
Au restablissement du bien de vos affaires.
Mais quel suiect, Madame, auez-vous de resuer?

SOPHONISBE.

Phenice, ie ne sçay ce qui doit m'arriuer:

Mais quelque doux present que le bõ-heur m'enuoye,
Mon cœur ne gouste point vne parfaicte ioye.
Syphax n'a pas encor les honneurs du tombeau,
Et d'vn second Hymen i'allume le flambeau;
Certes son amitié iointe à la bien-seance,
Me donne du remords & de la repugnance.

CORISBE'.

Madame il est bien vray qu'en vne autre saison,
Vous auriez ces pensers auec iuste raison:
Mais songez qu'en l'estat où vous estes reduite,
C'est la necessité qui fait vostre conduite.
Mille raisons d'Estat que vous n'ignorez pas,
Sont de vostre action l'excuse & le compas.
Celles de vostre rang sont tousiours dispensées,
D'attacher leur conduite à toutes ces pensees.

SOPHONISBE.

Allons donc trauailler à nostre liberté,
Et cedons aux rigueurs de la necessité.

Fin du 3. Acte.

LA
SOPHONISBE,
TRAGEDIE
DE MAIRET.

ACTE IIII.
SCENE I.

MASSINISSE, SOPHONISBE.

MASSINISSE.

*Q*VELQVE infigne bon-heur dont ie fois redeuable
Aux careffes du Sort qui m'eft fi fauorable,

H iij

C'est icy le plus grand qui m'ayt iamais suiuy,
Ouy, Madame, il est vray que ie suis plus rauy
De voir que vostre amour à la mienne responde,
Que si i'auois soumis tous les peuples du monde.
I'ayme plus de moitié quand ie me sens aymé,
Et ma flame s'accroist pour vn cœur enflamé.
Dans la possession d'vne beauté de glace,
La plus chaude fureur s'alentit & se lasse.
Vn plaisir legitime en veut vn de retour,
Et l'amour seulement est le prix de l'amour.
Comme par vne vague vne vague s'irrite,
Vn soûpir amoureux par vn autre s'excite.
Quand les chaines d'Hymen estreignent deux
    esprits,
Vn baiser se doit rendre aussi-tost qu'il est pris.
De sorte que tousiours la plus honneste fâme,
Est celle qui tesmoigne vne plus viue flame:
C'est là que sa vertu se monstre en son ardeur,
Et que la retenuë est de mauuaise odeur.
Pour moy, quoy que desia ma passion fut telle,
Que sa force excedât toute force mortelle,
Mes desirs toutesfois ont accreu de moitié,
Depuis que i'ay connu vostre ardente amitié.

SOPHONISBE.

Il me faudroit la voix de l'Eloquence mesme,
Pour vous representer à quel poinct ie vous ayme.
Il suffit que pour trop, & trop bien vous aymer,
Il n'est point de discours qui le puisse exprimer.
Pourtant, & c'est icy la peur qui m'assasine,
Vostre esprit abusé peut-estre s'imagine,
Que mon affection toute pure qu'elle est,
Mesle dans sa ferueur quelque peu d'interest.
Mais i'atteste le Ciel que ma foy non commune,
Regarde Maßinisse, & non pas sa fortune:
Et qu'en pareil degré de fortune & d'ennuy,
Ce qu'il a faict pour moy, ie l'aurois faict pour luy.

MASSINISSE.

Ie ne veux pour tesmoin des choses que vous dites,
Que mon propre bon-heur,

SOPHONISBE.

                    Mais vos propres merites.

MASSINISSE.

A propos où nasquit, en quel temps, & pourquoy,
La bonne volonté que vous auez pour moy?

De grace accordez-moy le plaisir de l'entendre,
Vous plaist-il?

SOPHONISBE.

Volontiers, ie m'en vay vous l'apprendre.
Vous sçauez qu'autresfois nous fusmes sur le poinct,
De conclure vn Hymen qui ne s'acheua point.
Ce Prince mal-heureux, à qui les Destinées
Vouloient sacrifier mes premieres années,
Fut cause que mon pere à ses vœux complaisant,
Rompit le nœud sacré qui nous lie à present.
Cependant sous l'espoir d'estre vn iour vostre fâme,
I'auois conceu pour vous vne secrette flame,
Et receu dans l'esprit vne douce langueur,
Dont le temps m'eut guerie auecque sa longueur;
Si l'estrange accident que vous allez entendre,
N'eut r'allumé ce feu qui mouroit sous sa cendre.
Vous souuient-il du iour que Syphax et les siens,
Sortirent pour forcer vos Masseßiliens?
Il se passa pour vous auecque tant de gloire,
Que vous en deuez bien conseruer la memoire.
Car par vostre vertu les nostres repoußez,
Vous laisserent venir iusqu'au bord des fossez.

Où ie

Où ie vous vis combatre auec tant de vaillance,
Que i'eus desià pour vous assez de bienueïllance,
Pour ne souhaiter pas qu'vn succez mal-heureux,
Acheuast à mes yeux vos exploicts valeureux:
Mais lors que de la tour où ie m'estois placée,
Ie vis de vostre armet la visiere haussée,
Que pour vous rafraischir vous leuastes expres;
Et qu'il me fut permis d'obseruer d'assez pres
Ce visage où l'Amour, & le Dieu de la Thrace,
Meslent tant de douceur auecque tant d'audace;
De là ie commençay de vendre mon pays,
Et de là dans mon cœur les miens furent trahis.
D'vne fleche de feu i'eus l'ame outrepercée,
De sorte que de tous ie fus la plus blessée:
Il est vray qu'à present mon mal est apaisé,
Par la main de celuy qui vous l'auoit causé;
Et que la guerison qui s'en est ensuiuie,
Me le fera benir tout le temps de ma vie.

MASSINISSE.

Certes ie suis heureux d'vne telle façon,
Que ma prosperité me donne du soupçon:
Ie treuue desormais ma fortune si grande,
Que i'en suis aueuglé, si ie ne l'apprehende.

I

Le bon-heur a cela de la mer et du flus,
Qu'il doit diminuër si tost qu'il ne croist plus.
Mais s'il faut que les Cieux, côme c'est leur coûtume,
Fassent à la douceur succeder l'amertume,
Que tout seul, s'il se peut, ie boiue tout le fiel,
Que respandroit sur nous la cholere du Ciel.
Mais que veut ce soldat couuert à la Romaine,
Ha! mon cher Ariston, quel suiet vous ameine?
Et que faict Scipion?

ARISTON.

Sire, il vient d'arriuer,
Qui vous mande par moy de le venir treuuer.

MASSINISSE.

Où l'auez-vous laissé?
ARISTON.

Dans la sale prochaine,
Où seulement Lelie auec luy se promeine.

MASSINISSE.

Oüy, i'iray le treuuer dans vn moment d'icy.

SOPHONISBE.

Ie n'attens rien de bon de ce message-cy.

Ce nom de Scipion m'est de mauuais presage.

MASSINISSE.

Ô Dieux!

SOPHONISBE,

Et quoy, Seigneur, vous changez de visage?
Quel sujet auez-vous de vous inquieter?

MASSINISSE.

Nul, que le déplaisir que i'ay de vous quitter.

SOPHONISBE.

Vn si prompt changement marque encore autre chose,
Et vostre inquietude a toute vne autre cause:
Dites la verité, vous craignez le pouuoir
De celuy qui vous mande, & que vous allez voir?

MASSINISSE.

Il est vray que ie crains que ce courage austere,
N'empesche nos plaisirs, ou qu'il ne les altere;
Ie voy ma destinee, & sçay que Scipion
Est venu pour troubler nostre sainte vnion.
C'est pourquoy i'ay voulu haster ma procedure:
Car la chose estant faite, il faudra qu'il l'endure.
Il sera moins fasché que si i'eusse attendu,
D'accomplir nostre Hymen quand il l'eust deffendu.

I ij

Il ne faut pas douter qu'il ne me sollicite,
Me presse, & me tourmente, afin que ie vous quitte:
Mais que vif aux Enfers ie sois precipité,
Si iamais ie consens à ceste lascheté.

SOPHONISBE.

Que ie perde plutost la lumiere celeste,
Que de voir mon amour vous deuenir funeste.
Non, non, si Scipion, comme on n'en doute point,
Veut separer en nous ce que l'Hymen a joint,
Il faut que vous fassiez toute chose possible,
Pour vaincre la rigueur de ce cœur insensible:
Que si rien ne le peut, ie vous demande au moins,
Au nom de tous les Dieux de nos nopces tesmoins,
Et par la pureté de l'Amour coniugale,
De conseruer en moy la dignité Royale.
En fin ie vous coniure autant que ie le puis,
De vous bien souuenir de ce que ie vous suis.
Ne souffrez pas qu'vn iour vostre femme enchainée,
Soit dans vn Capitole en triomphe menée.
Ie ne vous parle plus comme hier ie vous parlois,
En vefue de Syphax, & suiette à vos lois;
Ie sçay bien que le nœud qui nos ames assemble,
Confond pareillement nos interests ensemble;

Que vous deuez souffrir des maux qu'on me fera,
Et que c'est de tous deux que l'on triomphera.

MASSINISSE.

I'ay pour vo° trop d'amour, pour moy trop de courage,
Pour souffrir, sans me perdre, vn si sensible outrage:
Mais on n'en viendra pas à ceste extremité;

SOPHONISBE.

Ie connoy Scipion, & sa seuerité.

MASSINISSE.

Ie vous donne ma foy que quoy qu'il en arriue,
Rome ne verra point Sophonisbe captiue.

SOPHONISBE.

Me le promettez-vous?

MASSINISSE.

Oüy ie vous le promets.

SOPHONISBE.

Allons donc, mon esprit est content desormais.

I iij

ACTE IIII.
SCENE II.

SCIPION.   LELIE.

SCIPION.

MAIS vous, qui par vn lõg & familier vſage
Vous deuez, mieux connoiſtre en cét eſprit
    volage,
Quel remede à ſon mal vous ſemble le plus ſeur?
Eſt-ce la violence, ou ſi c'eſt la douceur?
Et duquel maintenant faut-il que ie me ſerue?

LELIE.

L'vn perd ſouuentefois ce que l'autre conſerue:
Ie croy que le dernier y fera plus que tout;

SCIPION.

Et moy, que le premier en viendra mieux à bout.

LELIE.

La douceur neantmoins eſt le meilleur dictame,
Que l'on puiſſe appliquer aux maux d'vne belle ame.

SCIPION.

Mais quand vne belle ame a perdu la raiſon,
Ce remede eſt ſans force, ou n'eſt plus de ſaiſon;
Ce qu'a faict Maſſiniſſe eſt ſi deſraiſonnable,
Qu'à peine mon eſprit le treuue imaginable;
Et marque en ſa raiſon vn tel deſreiglement,
Qu'il porte ſon excuſe en ſon aueu glement:
Loin de s'imaginer que ſans beaucoup de peine,
On tire ce Pâris du ſein de ſon Helene;
Ie crains que cét Hymen augmentant ſa fureur,
Ne luy faſſe plus outre eſteindre ſon erreur;
Et que le meſme eſprit qui le fit entreprendre,
Ne porte ſa manie à le vouloir deffendre.
En ce cas nous voyons à quelle extremité
Ceſte funeſte Amour l'auroit precipité.
Mais le voicy venir, triſte, & ſans contenance;
Eſſayons la douceur auant la violence.
Ie treuue cependant qu'il ſeroit à propos,
Et pour noſtre conduite, & pour noſtre repos,
D'aller prendre nous-meſme, & le temps & la peine,
Que nos gardes ſans bruit s'aſſeurent de la Reine.

ACTE IV.

SCENE III.

MASSINISSE.　　SCIPION.

SCIPION.

ET bien, cher Maßiniße, est-il sous le Soleil
Vn Roy dont le bõ-heur soit au vostre pareil?
Quoy? bons Dieux! dans le cours d'vne mesme iournée
Recouurer vn Royaume, & faire vne Hymenée?
Pour moy ie ne crois pas que sans enchantement,
On puiße aller plus loing, & plus legerement.
Certes quand le recit de toutes ces merueilles,
De Lelie & de moy vint frapper les oreilles,
Tous deux pouße z, pour vous d'vne mesme amitié,
O grands Dieux! dismes-nous, c'est trop de la moitié.
En effect vous pouuie z, sans ternir vostre gloire,
Vous contenter pour lors de la seule victoire.

Il

Il n'estoit pas besoin de faire en mesme temps,
Deux exploits si fameux, & si fort importans:
Mais peut-estre est-ce vn bruit qui court à l'auāture,
Et que toute vne armée a creu par conjecture.
De moy mon iugement iusqu'icy suspendu,
Ne conceura iamais cét Hymen pretendu,
Que la confession qu'en fait la Renommée,
Par vostre propre adueu ne me soit confirmée.
Ostez-nous donc de doute, & faites s'il vous plaist,
Que nous sçachions de vous la chose comme elle est.

MASSINISSE.

Icy le sens commun ne veut pas que ie cache,
Ce qu'il faut aussi-bien que tout le monde sçache,
Et la terre & le Ciel exigent mon adueu,
Sur vn mistere sainct, que l'vn & l'autre a veu.
Enfin i'abuserois de vostre patience,
Si ie vous en parlois contre ma conscience.
Il est vray, Scipion, que Sophonisbe & moy,
Auons pris & donné la coniugale foy,
Et nous sommes liez d'vne chesne si saincte,
Qu'on ne sçauroit sans crime en deffaire l'estrainte.
Ie voy bien que desia vostre seuerité,
Condamne mon amour & ma legereté.

K

D'autât mieux que voſtre ame eſt encore à conneſtre,
Ce qu'il peut ſur vn cœur dont il s'eſt rendu maiſtre:
Auſſi dans mon malheur ie ſerois trop heureux,
Si i'auois vn Cenſeur autrefois amoureux:
Mais ayant au contraire vn Scipion pour Iuge,
Quel ſera mon eſpoir? où ſera mon refuge?
Et de quelles raiſons me faudra-t'il vſer,
S'il n'a iamais connu ce qui peut m'excuſer?
S'il ignore d'amour la puiſſance ſupreſme,
Qui ſeule a fait ma faute, & l'excuſe elle-meſme;
Et quelle grace en fin puis-ie attendre de luy,
Si par ſes ſentimens il iuge ceux d'autruy?

SCIPION.

Il eſt vray que touſiours i'ay gardé ma franchiſe,
De ſe prendre aux filets où la voſtre s'eſt priſe,
Et touſiours eſuité ces folles paſſions,
Comme vn chemin contraire aux belles actions.
Ce n'eſt pas que mon ſein fouſtienne vn cœur de roche,
Impenetrable aux traicts que l'amour nous deſcoche:
La main qui fit le voſtre a fait le mien auſſi,
Et la ſeule vertu me le rend endurcy.
C'eſt auec ce bouclier qu'il falloit ſe deffendre,
Et mon exemple ſeul vous le deuoit apprendre.

Ha! mon cher Maſsiniſse, il falloit en effect,   [fait.

Vous deffendre vn peu mieux que vous n'auez pas

Ie ſçay que dés long-temps les Hiſtoires ſont pleines

Des tranſports amoureux des meilleurs Capitaines;

Mais où trouuera-t'on que les plus ſignalez,

Puiſſent eſtre en fureur aux voſtres eſgalez?

Maſsiniſse en vn iour , voit, ayme, et ſe marie,

A-t'on iamais parlé d'vne telle furie?

Bien plus, l'aueuglement de ſa raiſon eſt tel,

Qu'il entre dans le lict d'vn ennemy mortel,

D'vn Syphax, d'vn tyran, de qui l'injuſte eſpée,

A ſur ſon pere mort la couronne vſurpée:

Certes ſi pour vanger la mort de nos parens,

Il falloit eſpouſer les vefues des tyrans,

Les voſtres qu'il perdit, ont toute l'allegeance

Qu'ils pourroient deſirer d'vne telle vengeance:

Il eſt vray que chacun en ſon propre intereſt

Se rend compte à ſoy-meſme, & fait cõme il luy plaiſt;

Et par ceſte raiſon vous auez creu poſsible,

Qu'en cette affaire-cy tout vous eſtoit loiſible:

Mais à mon iugement il eſt bien mal-aiſé,

Que le voſtre en ce poinct ne ſe ſoit abuſé.

Peut-eſtre croyez-vous que par cét Hymenée,

Sophoniſbe ſoit voſtre, & qui vous l'a donnée?

Par quelle authorité prenez vous le butin,
Qui doit appartenir à l'Empire Latin?
Ne sçavez-vous pas bien que c'est là son partage,
Et qu'il vous restablit dedans vostre heritage?
Par le congé de qui l'auez-vous entrepris?
Non, non, nostre Allié, rappellez vos esprits;
La plus courte fureur est tousiours la meilleure:
Quittez donc Sophonisbe, & la rendez sur l'heure;
C'est par là seulement que vous seront rendus
Le repos et l'honneur, que vous auez perdus.

MASSINISSE.

Quel hôneur, ô grands Dieux! & quel repos en l'ame
Peut auoir vn mary d'abandonner sa fâme?

SCIPION.

N'ayant pû l'espouser, puis qu'elle estoit à nous,
Ce mariage est nul au iugement de tous.

MASSINISSE.

Et la force & le droict veulent que ie la rende;
Elle est vostre, il est vray, mais ie vous la demande.

SCIPION.

Ie ferois vne faute indigne de pardon,
Si ie vous octroyois vn si funeste don.

Accorder ce present à l'ardeur qui vous brûle,
Ce seroit vous donner la chemise d'Hercule.

MASSINISSE.

S'il m'est icy permis de vous rendre presens,
Les seruices rendus dés mes plus ieunes ans;
Et si dans le passé ie puis aussi comprendre,
Tous ceux qu'à l'aduenir ie desire vous rendre;
Ma tristesse auiourd'huy vous coniure par eux,
De ne me rauir pas ce salaire amoureux.
Non que toute ma vie en seruices passée,
Ne fust trop dignement désia recompensée:
Mais à quoy tant d'honneur & de biens superflus,
Si l'on m'oste celuy que i'estime le plus?
Ie sçay que demandant la chose qu'on me nie,
Ie demande vn thresor de valeur infinie;
Aussi n'appartient-il qu'aux Romains seulement,
De m'accorder vn don qui vaille infiniment.
Faictes-moy donc encor cette derniere grace,
Par ces mains que ie baise, & ces pieds que i'embrasse.

SCIPION.

Leuez-vous, Massinisse, et vous ressouuenez,
De conseruer l'honneur du rang que vous tenez:

Oüy, comme voſtre amy, qui plains voſtre infortune,
Ie vous accorde tout, ſans difference aucune,
Mais d'autre part auſſi, comme voſtre Empereur,
Qui plains & blaſme en vous cette aueugle fureur,
Pour la derniere fois il faut que ie vous nie.
Ce qu'exige de moy voſtre mauuais Genie:
Les raiſons que i'en ay ſont de tel intereſt,
Que rien ne peut changer cét immuable arreſt,
Neceſſaire au ſalut de la choſe publique:

MASSINISSE.

O mortelle ſentence! ô decret tyrannique!
Quòy donc de tant de coups mon eſtomac ouuert,
Et tout mon triſte corps de bleſſures couuert,
Dont vous fuſtes iadis le teſmoin oculaire,
Ne pourront m'obtenir vn plus digne ſalaire?
M'a-t'on veu tant de fois vne picque à la main,
Souſtenir la grandeur de l'Empire Romain,
Pour me voir maintenant demander auec larmes,
Ce que i'ay merité par le ſang & les armes?
Mais celuy qui le vid en fait ſi peu de cas,
Qu'il eſt à preſumer qu'il ne s'en ſouuient pas.
Montrez, montrez-vous donc mes bleſſures fermées,
Vaines marques d'honneur par le fer imprimées,

Telles, s'il se pouuoit, que vous estiez alors
Que vous fistes tomber ce miserable corps:
Voyez si vous changeant en de sanglantes bouches,
Vous n'adoucirez point ses sentimens farouches.
O Dieux! rien ne l'esmeut, ô cœur sans amitié,
Et sourd à la priere, & sourd à la pitié!

Icy il se pourmene sans rien dire.

SCIPION.

Laissons-le vn peu nager dans la melancholie,
Et nous seruons apres de l'esprit de Lelie.
Bon, il vient à propos.———

ACTE IV.
SCENE IV.

LELIE.

Et bien, se rend-il pas?

SCIPION.

Vous voyez comme il resue, et chemine à grands pas:
Adieu, ie vous le laisse, essayez ie vous prie,
De calmer doucement les flots de sa furie:
Comme il est violent, il pourroit s'emporter,
Et moy ie feray mieux de ne pas l'escouter.

Il rentre.

MASSINISSE.

Non ie n'en feray rien, la chose est resoluë;
Ou l'on m'y contraindra de puissance absoluë.

Ces

LELIE.

Ces mots interrompus de souspirs redoublez,
Montrent qu'il a les sens extrememement troublez;
Les tragiques pensers où ie voy qu'il se plonge,
Irritent sa fureur, & l'ennuy qui le ronge:
C'est pourquoy de bonne heure il faut l'en diuertir:
Et quoy?

MASSINISSE.

Non, Scipion, ie n'y puis consentir.

LELIE.

L'excez de sa douleur l'aueugle, & le transporte,
Quoy, vous me sconnoissez vos amis de la sorte?

MASSINISSE.

Ha! Lelie, il est vray que ie croyois parler
A cét inexorable,

LELIE.

Il vient de s'en aller,
Qui plaint vostre aduanture.

L

MASSINISSE.

O ridicule chose!
Il plaint mon aduanture, & c'est luy qui la cause.
Ha! qu'vn parfait amy se treuue rarement!

LELIE.

Croyez que Scipion vous ayme asseurément:
Il vous ayme, & sur tout c'est en ceste rencontre,
Que pour vostre salut son amitié se monstre.
Considerez de grace, & sans vous emporter,
Quel est le grand thresor qu'il voudroit vous oster:
C'est la vefue d'vn Roy, qui cent fois en sa vie
A par cent cruautez la vostre poursuiuie;
Employant contre vous le fer et le poison,
Apres auoir destruit toute vostre maison.
Pour elle, à ce qu'on dit, c'est vne belle chose:
Mais voyons son esprit, & les maux qu'elle cause.
Auant que le poison de ses regards charmans,
Eut mis le vieux Syphax au rang de ses amans,
Ce Prince estoit-il pas, osté la perfidie,
Le plus grand que iamais ait veu la Numidie?
Et dés qu'ils furent joints par le nœud coniugal,
Fut-il iamais mal-heur à son mal-heur égal?

Elle ne ceſſa point, que pour plaire à ſa hayne,
Il n'euſt abandonné la puiſſance Romaine;
Et par ceſte imprudence, à ſa perte animé,
Ceux qu'il ayma iadis, et dont il fut aymé.
O vous dont la vertu, le cœur, & la vaillance,
Sont le plus cher obiect de noſtre bien-veïllance;
Voyez ſi ſans ſujet nous craignons auiourd'huy,
Que le meſme rocher ne vous perde auec luy.

MASSINISSE.

Croyez, mon cher Lelie, auecque certitude,
Que ſur tous actes noirs ie hay l'ingratitude;
Et qu'il n'eſt ny beauté, ny coniugale loy,
Qui m'eſloigne iamais de ce que ie vous doy.
Ie tiens tout du Senat, & ſçay quel aduantage,
A l'Empire Romain ſur celuy de Cartage:
Non, non, cher Confident, aſſeurez Scipion,
De la ſincerité de mon affection;
Dites-luy que iamais ceſte innocente Reyne
Ne me diuertira de l'amitié Romaine,
Qu'on oſtera plutoſt les feux du firmament;
Enfin qu'il ait pitié d'vn miſerable amant.

Taschez de m'adoucir ce courage insensible,
Je n'espere qu'en vous;

LELIE.

I'y feray mon possible.

Pauure esprit aueuglé, qui ne reconnois pas,
Que l'amour te seduit auec ses faux appas!
Certes ie plains ton sort, quoy qu'en cét Hymenée,
Ton obstination fasse ta destinée.

Fin du 4. Acte.

LA
SOPHONISBE,
TRAGEDIE
DE MAIRET.

ACTE V.
SCENE I.

MASSINISSE.

QVE les Dieux tous parfaicts de nature qu'ils
     font,   (nous font!
Tesmoignent d'inconstāce aux presents qu'ils
Qu'il est aysé de voir au mal-heur de ma vie,
Que nos prosperitez leur causent de l'enuie!

Et qu'ils ne donnent point vn plaiſir ſans douleur,
De peur qu'vn bien entier ne ſoit ſemblable au leur:
En vain dans le deſtin des affaires humaines,
D'autres ſe promettront des voluptez certaines,
Si ie monſtre auiourd'huy que le meſme Soleil,
Qui vit hier mon bon-heur à nul autre pareil,
Comme deſia ſon char s'alloit cacher ſous l'onde,
Me treuue à ſon retour le plus triſte du monde.
Que me ſert la puiſſance & le tiltre de Roy,
Si dans mon propre Eſtat on me donne la loy?
Que me ſert le Laurier qui me couure la teſte,
S'il ne peut empeſcher la prochaine tempeſte,
Dont s'en va foudroyer ma gloire & mes plaiſirs
Ce mortel ennemy des amoureux deſirs;
Ce naturel chagrin, qui n'aymant rien luy-meſme,
Ne ſçauroit approuuer ny ſouffrir que l'on ayme:
Enfin, dequoy me ſert l'audace & la valeur,
Si i'ay les bras liez en ce dernier mal-heur?
Helas! ſi ce threſor de beautez & de charmes,
Comme ie l'ay gaigné par la force des armes;
Par les armes auſſi ſe pouuoit conſeruer,
Que ne ferois-je point afin de le ſauuer?
S'il me falloit dompter le monſtre d'Andromede,
Mon malheur en ma main treuueroit ſon remede:

S'il me falloit encor aller contre les morts,
Sur les pas d'vn Hercule, esprouuer mes efforts;
Et l'arracher des fers comme vn autre Thesée,
Mon Amour me rendroit ceste entreprise aysée.
Mais ayant à combattre vn monstre renaissant,
Vne fiere Harpie, vn Aigle rauissant,
De qui le vol s'estend par tout nostre hemisphere,
Que pourrois-ie entreprédre? ou que pourrois-ie faire
Qui n'excedast l'effort & le pouuoir humain?
Forceray-ie moy seul tout le pouuoir Romain?
Ou feray-ie moy seul ce qu'en seize ans de guerre,
N'a pû faire Hannibal, ny par mer, ny par terre?
Non, non, ma Sophonisbe, il n'y faut plus penser,
Nostre Sort n'est pas tel qu'on le puisse forcer:
C'est la seule douceur qui vous peut rendre mienne,
Hors cela, mon espoir n'a rien qui le soustienne:
Possible que Lelie aura mieux reüssy
Que ie n'osé esperer. O grands Dieux! le voicy,
Qui me vient prononcer ma derniere sentence:
Sus, mon cœur à ce coup arme toy de constance.

ACTE V.

SCENE II.

LELIE.   MASSINISSE.

MASSINISSE.

E*Thien, mon cher Lelie, irons-nous à la mort?*
Venez-vous m'annoncer le naufrage ou le
    port?

LELIE.

Sire, c'est à regret que ie suis le ministre,
Et le triste porteur d'vn mandement sinistre;
I'ay charge de vous dire, & de vous ordonner,
De rendre Sophonisbe, ou de l'abandonner,
Comme chose au public, vtile & necessaire,
Aduisez maintenant ce que vous voulez faire?

MASSINISSE.

Me perdre, & par ma mort aprendre à tous les Rois,
A ne suiure iamais ny vos mœurs, ny vos lois,

Cruels

Cruels, qui fous le nom de la chofe publique,
Vfez impunément d'vn pouuoir tyrannique;
Et qui pour tefmoigner que tout vous eft permis,
Traictez vos Alliez comme vos ennemis.

LELIE.

Ne luy repliquons rien, que toutes ces fumées
En femblables tranfports ne fe foient confumées,
La fureur diminuë à force de parler:

MASSINISSE.

Ha! que fi le paßé fe pouuoit r'appeller,
Ie m'empefcherois bien de feruir de matiere,
Ala feuerité de ton humeur altiere;
Peuple vain, qui croirois n'auoir pas triomphé,
A moins d'vn pauure Roy fous fes fers eftouffé.
C'eft par cefte raifon, ou publique, ou priuée,
(Puis qu'vn particulier l'a poßible treuuée)
Que de force abfoluë on me fait rendre vn bien,
Sans lequel ie ne veux, ny n'efpere plus rien.
Oüy, Lelie, il importe à la gloire d'vn homme,
Que ma femme elle-mefme aille efclaue dans Rome;
Et que fa vanité feule femblable à foy,
Triomphe à mefme temps de Syphax & de moy.
O bien-heureux vieillard dont la trame eft finie,
Sur le poinct qu'il tomboit fous voftre tyrannie!

M

Et moy tres-mal-heureux d'esprouuer à present,
Cōbien mesme aux vainqueurs vostre ioug est pesant.
Qu'il s'en saisisse donc, qu'il l'enleue & l'entraine,
Ceste desesperée & pitoyable Reyne;
Il faut que son triomphe ayt tout son ornement:
Ie n'y contredis plus, ie l'ay fait vainement:
Suffit, si ie ne puis y faire plus d'obstacle,
Que ma mort preuiendra cêt indigne spectacle.

LELIE.

Il luy faut pardonner ces violans transports:
Mais parlons maintenant, qu'il a tout mis dehors.
　Sire, si vous pouuiez à force d'inuectiues,
Rendre vos passions & vos douleurs moins viues,
Ie vous conseillerois de les continuër,
Tant que vostre souffrance en pût diminuër.
Descriez deuant moy le ioug de nostre Empire,
I'y consens, & diray qu'il est encore pire:
Mais ie ne puis souffrir que vous blasmiez à tort
Vn homme qui vous plaint, & vous ayme si fort;
Et dont l'ambition n'est pas si desreglée,
Que vous la conceuez en vostre ame aueuglée.
Vous sçauez, & le temps vous y fera songer,
La raison qui l'oblige à vous desobliger.

Ie ne la diray point, vous l'ayant desia dite;
C'est pourquoy iugez mieux d'vn si rare merite,
Que de vous figurer que pour sa vanité,
Il voulut vous traicter auec indignité.
Il cognoist vostre cœur, il en fait trop de conte;
Bref, il vous ayme trop pour chercher vostre honte:
Il ne veut rien de vous, sinon que vous rendiez,
Celle qui vous perdroit, si vous ne la perdiez;
Et pour l'amour de vous & de vostre Hymenée,
Elle ne sera point en triomphe menée.

MASSINISSE.

A quoy donc Scipion la veut-il destiner?

LELIE.

C'est à vous maintenant à vous l'imaginer.
Vous sçauez du Senat l'ordonnance derniere,
Par laquelle arriuant qu'elle fut prisonniere,
Il nous est à tous deux expressément enjoint,
De l'enuoyer à Rome, & de n'y manquer point:
Regardez maintenant si vous auez enuie
De luy sauuer l'honneur aux despens de la vie;
Et ne vous plaignez plus, puis qu'à bien discourir,
Vostre amy luy fait grace, en la laissant mourir.

M ij

MASSINISSE.

Quelle grace, ô bons Dieux!

LELIE.

C'est pourtant la plus grande
Qui se puisse accorder, & que le temps demande.
Sire, releuant donc vostre esprit abbatu,
D'vne necessité faictes vne vertu.

MASSINISSE.

Helas! quelle vertu voulez-vous que ie fasse,
Qui ne soit ridicule, & de mauuaise grace?
Voulez-vous que ie montre vn visage serain?
Rendray-ie encore grace au Iuge souuerain,
De qui l'arrest sanglant a conclu ma ruyne,
Ou si ie baiseray le bras qui m'assassine?

LELIE.

La plus haute vertu qu'on exige de vous,
C'est de souffrir vn mal qui nous afflige tous.

MASSINISSE.

Il faut bien le souffrir, puis que mon impuissance

LELIE.

Ie veux dire souffrir auecque patience,

En vous representant que par ceste action,
Vous gaignez vn laurier sur vostre passion,
Que Romme, le Senat, & toute l'Italie,
A qui d'oresnauant vostre Sceptre s'allie.
Si vous prenez pour eux ceste fortune en gré,
Vous cheriront encor en vn plus haut degré.
Regardez, s'il vous plaist, vos dernieres conquestes
Le trouble où vous estiez, & le calme où vous estes;
Ne m'auoürez-vous pas que vous seriez ingrat,
Et point ou peu soigneux du bien de vostre Estat,
Si vous nous obligiez par quelque violence,
A retrancher pour vous de nostre bien-veillance:
Quel malheur & pour vo⁹ & pour tous les Romains,
S'il leur falloit deffaire auec leurs propres mains,
Leur plus considerable & plus parfait ouurage?
Mais posons qu'en cecy le Senat vous outrage,
Quoy, pour vn desplaisir qu'il vous fait auiourd'huy,
Perdra-t'il cent bien-faits que vous tenez de luy?
Ne condamnez donc point auecque vos murmures
Ny nos mœurs, ny nos loix,

MASSINISSE.

        O Dieux qu'elles sont dures!
En effet il est vray, ie serois plus qu'ingrat,
Si ie ne respondois aux biens-faits du Senat:

Mais ie ſerois moins qu'hōme, ou biē plus que barbare,
Si ie ne fremiſſois du mal qu'on me prepare:
Et bien n'en parlons plus, m'y voilà reſolu,
Il faut bien le vouloir, quand Rome l'a voulu.
O mary deplorable! O mal-heureuſe fāme!

LELIE.

Sire, n'y ſongez plus.

MASSINISSE.

Arrachez-moy donc l'ame;
Quoy qu'en vain, car encore on m'y verra ſonger
Au milieu des Enfers:

LELIE.

Que veut ce Meſſager?
C'eſt infailliblement la Reyne qui l'enuoye,
Il faut bien empeſcher qu'elle ne le reuoye.

ACTE V.

SCENE III.

MESSAGER.

SIRE, quand vous lirez le papier que voicy,
Vous sçaurez le suject pourquoy ie suis icy,

LETTRE DE SOPHONISBE.

SI rien ne peut flechir la rigueur obstinée,
De ceux que mon courage a fait mes ennemis,
Plutost qu'estre captiue en triomphe menée,
Donnez-moy le present que vous m'auez promis.

MASSINISSE.

Oüy, ie suis obligé de tenir ma promesse,
Ie vay vous le porter; puis que l'heure me presse,
Et que la seule mort peut finir vostre ennuy:

LELIE.

Sire, ne le donnez que par la main d'autruy.

Vos maux en la voyant s'augmenteront,

MASSINISSE.

N'importe.

LELIE.

Croyez-moy.

MASSINISSE.

Non, Lelie, il faut que ie le porte.

LELIE.

Vous ne le ferez pas, ce n'e∫t que temps perdu:

MASSINISSE.

Et pourquoy?

LELIE.

C'e∫t vn poinct qu'on vous a deffendu,
De peur que cette veuë accreut vo∫tre ∫upplice.

MASSINISSE.

Bien donc, que de tout poinct mon De∫tin s'accõpli∫∫e:
Tu le vois, mon amy, qu'auec tout mon pouuoir,
Il ne m'e∫t pas permis ∫eulement de la voir.
O Dieux! ∫ouffrirez-vous qu'vne iniu∫te pui∫∫ance,
Regne ∫ur vos enfans auec tant de licence?

LELIE.

Ce violent esprit s'eschape à tout moment,
Certes il est à plaindre en son aueuglement.
Ie crains quelque reuolte en son ame agitée,
Le voila qui rumine,

MASSINISSE.

La pierre en est iettée,
Mon amy vien querir ce funeste present,
Allons, Lelie, allons, vous y serez present.

N

ACTE V.

SCENE IV.

SOPHONISBE. CORISBE´. PHENICE.

PHENICE.

MADAME, *vostre humeur craintiue, &*
soucieuse,
A vous inquieter est trop ingenieuse.
Le moindre objet vous trouble; vn songe, vne vapeur,
Vn corbeau qui croasse, enfin tout vous fait peur.

SOPHONISBE.

Phenice, croyez-moy, ie suis venüe aux termes,
Où doiuent s'esbranler les esprits les plus fermes:
Le mal-heur qui m'attend est si prodigieux,
Les signes que i'en ay sont si presagieux,
Et tous si clairement marquent ma destinée,
Que vous qui m'asseurez, en serez estonnée.   (gnit,
Vous sçauez qu'hier au soir lors qu'Hymen nous joi-
Par deux diuerses fois son flambeau s'esteignit,

Que mesme à ce matin vne brebis frapée,
S'est de la main du Prestre & du Temple eschapée,
Et qu'estant ramenée auec le coup mortel,
La foudre a consumé la victime & l'autel.
Deux funestes oyseaux dans l'horreur des tenebres,
Ont troublé mon repos auec leurs cris funebres:
Encore auiourd'huy mesme au leuer du Soleil,
Vn songe espouuentable a causé mon resueil.
Du mal-heureux Syphax l'image ensanglantée,
Auec ces tristes mots à moy s'est presentée.
Ingrate, ie reuiens de l'eternelle nuict,
Pour t'asseurer encor du mal-heur qui te suit:
D'vn mary mesprisé le courroux legitime,
Te demande aux Enfers, où t'apelle ton crime:
Adieu, tes voluptez feront naufrage au port,
Ie te l'ay dit viuant, & ie te le dy mort.
Là certes le sommeil à la crainte a fait place,
Et ie me suis treuuée aussi froide que glace:
Puis embrassant le Roy, par vn contraire effet,
La peur a fait en moy ce que l'Amour eust fait.

CORISBE'.

Il est vray qu'apres tout voila des pronostiques,
Qui sont auant-coureurs d'auantures tragiques:

Mais le Père des Dieux à qui tout est permis,
En destourne l'effect dessus nos ennemis.

SOPHONISBE.

Ce qui me met en peine auec plus d'apparence,
C'est l'extreme longueur de ceste conference:
Le Roy dores nauant met trop à reuenir,
Pour croire auec raison, qu'il ait pû m'obtenir:
Mais voicy de retour celuy par qui la vie,
Me sera conseruée, ou me sera rauie.

❦❦❦❦❦❦❦❦❦❦❦❦❦❦❦❦❦❦❦❦❦❦❦❦

ACTE V.

SCENE V.

MESSAGER.

QVE ie suis mal-heureux de seruir d'instru-
  ment,
A la fureur du Sort!

SOPHONISBE.

      Auancez hardiment:
Monstrez-moy ce papier, donnez-moy ce breuuage,
Par où i'euiteray la honte du seruage.

LETTRE DE MASSINISSE,
A SOPHONISBE.

PVis qu'il faut obeyr à la necessité,
 Receuez de ma part ceste coupe funeste,
De tant de biens que i'eus, c'est le seul qui me reste,
Et le dernier tesmoin de ma fidelité.

O Dieux! que ce present m'apporteroit de joye,
Si ie pouuois baiser la main qui me l'enuoye!
Dictes, Caliodore, et ne me trompez point,
Auez-vous obserué ce qui vous fut enjoint?

CALIODORE.

Madame, en le voyant vous auoûriez vous mesme,
Qu'ainsi que son amour sa douleur est extreme:
La couleur du trespas dont son visage est peint,
Monstre de quel ennuy son esprit est atteint.
Mon amy, m'a-t'il dit, va-t'en dire à Madame,
Que Romme ne veut pas qu'elle viue ma fâme,
Et que c'est sa vertu qu'on ne sçauroit souffrir,
Qui fournit le poison que tu luy vas offrir.
Il porte dans le cœur vne mort si soudaine,
Que presque en vn instant il acheue sa peine.
Apres en m'embrassant, & me parlant tout bas,
Afin que les Romains ne l'entendissent pas;
Iure-luy, m'a-t'il dit, que la main de la Parque,
M'eust poussé le premier dans la fatale barque,
N'estoit qu'apres ma mort nos communs ennemis,
Perdroient le souuenir de ce qu'ils m'ont promis.
Qu'elle s'asseure donc, qu'vn trespas digne d'elle,
Luy prouuera dans peu que ie luy suis fidelle.

Auec ces derniers mots il s'eſt eſuanoüy;

CORISBE.

O de parfaicte amour teſmoignage inoüy!

PHENICE.

O barbares Romains! ô Ciel impitoyable:

SOPHONISBE.

Enfin voicy l'effet de mon ſonge effroyable:
Vous voyez maintenant que ce n'eſt pas à tort,
Que ie prenois pour moy tous ces ſignes de mort.
Mais il m'eſt auſſi doux de mourir que de viure;
Puiſque mon Maſſiniſſe a iuré de me ſuiure.
Monſtre donc, cher Eſpoux, ta conſtance & ta foy,
Et ne differe pas vn inſtant apres moy.
Oüy, pour trop te cherir ie te ſuis inhumaine,
Tant i'ay peur que peut-eſtre, vne Dame Romaine,
Par l'ordre des Romains, mes tyrans & les tiens,
Ne prenne aupres de toy la place que i'y tiens.
Coriſté ie vous prie, & vous auſſi Phenice,
De me faire vn plaiſir auant que ie finiſſe,
Me l'accorderez -vous?

CORISBE.

Hé! Madame, parlez:
Commandez seulement---

SOPHONISBE.

---Puis que vous le voulez,
Ie vous commande donc comme vostre Maistresse,
De contenir si bien la douleur qui vous presse,
Que vos pleurs ny vos cris ne deshonorent pas
La gloire qui doit suiure vn si noble trespas.
N'est-ce point à mes iours vne gloire assez grande,
Que tous obscurs qu'ils sont Rome les apprehende?
Nos vainqueurs sont vaincus, si nous leur tesmoi-
      gnons,   (gnons.
Qu'ils nous craignent bien plus que nous ne les crai-
Sus donc ne perdons plus en discours infertiles,
Le temps qu'il faut donner aux effets plus vtiles.
Déliurons les Romains de la peur, & du mal,
Que leur pourroit causer la fille d'Asdrubal.
                                    Elle auale le poison.

PHENICE.

O Dieux! c'est maintenant que nous sommes perduës!

SOPHONISBE.

Certes si les Romains vous auoient entenduës,

                                                Ils

Ils auroient bien raison de penser à ce coup, (coup,
Que les maux qu'ils nous font nous affligent beau-
Non, non, tesmoignens-leur que s'ils n'ont riē de pire,
Nous n'auons pas sujet de craindre leur Empire,
Et leur ostons par là le plaisir & l'orgueil,
Qui les transporteroient, s'ils sçauoient nostre dueil.
Mais la Parque dans peu me fermera la bouche;
Mes filles aydez-moy, portez-moy sur ma couche,
Et que ie meure au moins dessus le mesme lict,
Où mon funeste Hymen hier au soir s'accomplit.

ACTE V.
SCENE VI.

SCIPION. MASSINISSE. LELIE.

SCIPION.

L est vray qu'en cecy vostre constance est telle,
Qu'on la doit couroner d'vne gloire immortelle;
Aussi ne doutez pas que Rome, & le Senat,
N'en fassent quelque iour vn merueilleux estat.
Sophonisbe n'est pas la derniere des fâmes,
Assez d'autres encor sont dignes de vos flames.

O

Quand voftre iugement fe fera reconnu,
Vous benirez, le mal qui vous eft aduenu,
Si l'on peut dire mal vn fortuné veufuage,
Que ie n'ay fouhaitté que pour voftre aduantage.

MASSINISSE.

O Dieux, quel aduantage!

SCIPION.

En vne autre faifon,
Vous en connoiftrez mieux la fuite, & la raifon:
Lelie à mon aduis vous les a fait comprendre,
Dans la charge & le foin qu'il en a voulu prendre;
Au moïns fi vos tranfports ne me font point douter,
Qu'il ayt pû vous les dire, & vous les efcouter.

LELIE.

Seigneur, par fa froideur, & par fa retenuë,
On voit que fa raifon eft vn peu reuenuë;
Et ie ne doute point qu'il ne confeffe vn iour,
A quel poinct de mal-heur l'eût porté cette amour,
Et qu'on n'a trauaillé que pour fa feule gloire:
Auffi deuez-vous, Sire, en perdre la memoire,
Bannir ces noirs foucis, vous diuertir ailleurs,
Et donner vos penfers à des objects meilleurs.

SCIPION.

La cheute de Syphax vous laiſſe vne matiere,
Capable d'exercer vne ame toute entiere.
Vn Royaume nouueau fournit aſſez dequoy
Occuper le loiſir , & l'eſprit de ſon Roy.
C'eſt à ſi digne employ que voſtre ame occupée,
Se guerira dans peu du traict qui l'a frappée,
Et que Lelie & moy vous verrons cenſurer,
L'aueugle paſſion qui vous faict murmurer.

MASSINISSE.

Ie vous tromperay-bien auant que le iour paſſe:

ACTE V.

SCENE VII.

CALIODORE.

Conſtance incroyable! ô mortelle diſgrace!

MASSINISSE.

Ha Dieux! la Reyne eſt morte!

CALIODORE.

                    Oüy, Sire, c'en eſt faict:
Helas! iamais poiſon n'eut vn ſi prompt effect.

MASSINISSE.

Et bien, mes Soûuerains, aurez-vous agreable,
Que n'ayant pû la voir en ſa fin lamentable,
Nous la faſſions au moins apporter deuant nous?
Oüy, vous en trouuerez le ſpectacle ſi dous:
Il eſt ſi neceſſaire au bien de voſtre Empire,
Que i'obtiens ma demande.

SCIPION.

                    Il faut le laiſſer dire.

MASSINISSE.

Voyons donc ce thresor de grace & de beauté,
Mon amy, que sur l'heure il nous soit apporté.

CALIODORE.

Si vostre Majesté desire qu'on luy monstre
Ce pitoyable obiect, il est icy tout contre:
La porte de sa chambre est à deux pas d'icy,
Et vous le pourrez voir de l'endroit que voicy,
En leuant seulement ceste tapisserie.

SCIPION.

Ie crains que ceste veuë esueille sa furie.

La chambre paroist.

MASSINISSE.

Icy le Messager rentre.

O veuë! ô desespoir! regardez maintenant,
O vous Consul Romain, & vous son Lieutenant,
Si ie vous ay rendu l'aueugle obeyssance,
Que vostre authorité veut de mon impuissance.
Ay-je esté, qu'il vous semble, ou rebelle, ou trop lent
A l'execution de ce coup violent?
Ostez-vous tout subiect de soupçon & de crainte
Et voyez, si sa mort est point vne mort feinte.

O iij

Voyez si de son teint les roses & les lis,
Dans l'hyuer de la mort sont bien enseuelis:
Obseruez ces yeux clos, considerez-la toute,
Tant qu'il ne vous demeure aucun subieɛt de doute.
Mais sans considerer ses yeux ny sa couleur,
Il ne faut regarder que ma seule douleur:
Il ne faut qu'obseruer le dueil qui me transporte,
Pour croire asseurément que Sophonisbe est morte.
Elle est morte, & ma main par cét assassinat,
M'a voulu rendre quitte enuers vostre Senat:
Si la reconnoissance aux biens-faits se mesure,
Ceste seule action le paye auec vsure.
Par cét acte tesmoin de vostre cruauté,
I'ay mis dans le tombeau l'amour & la beauté:
Enfin par ceste mort qui fait vostre asseurance,
Vous n'auez plus de peur, ny moy plus d'esperance.
Ne me dites donc plus que ie serois ingrat,
Et bien peu soucieux du bien de mon Estat,
Si ie vous obligeois par quelque violence,
A retrancher pour moy de vostre bien-veillance.
Quant à moy desormais tout m'est indifferent,
Et quant à mon Estat ma douleur vous le rend:
res m'auoir osté le desir de la vie,
os biens, ny vos honneurs ne me font point enuie.

Vſurpez l'Vniuers de l'vn à l'autre bout,
Ie n'y demande rien, ie vous le cede tout.
Rendez-moy ſeulement vne choſe donnée
Par Hymen, par l'Amour, & par la Deſtinée:
En vn mot donnez-moy ce que vous craignez tous,
Et ie ſeray plus riche & plus content que vous.
Rendez-moy Sophoniſbe.

SCIPION.

Allons nous-en, Lelie,
Puis que noſtre preſence irrite ſa folie,
Et que nous ne voyons fer ny poiſon ſur luy,
Laiſſons-le par la plainte adoucir ſon ennuy.

Ils rentrent.

ACTE V.

SCENE VIII.

Plainte de Massinisse, sur le corps de Sophonisbe.

MIRACLE de beauté, Sophonisbe mon ame,
Que ie n'ose appeller de ce doux nõ de fame,
Tant les chastes plaisirs d'Hymen & de
Junon
M'ont duré peu de temps pour te donner ce nom;
Viue source autrefois d'Amour & d'Eloquence,
Où la Mort maintenant a logé le silence;
Belle bouche, beaux yeux, de tant d'attraits pourueus,
Pour mon contentement & trop & trop peu veus;
Vous auez donc perdu ces puissantes merueilles,
Qui desroboient les cœurs, & charmoient les oreilles?
Clair Soleil, la terreur d'vn iniuste Senat,
Et dont l'Aigle Romain n'a pû souffrir l'esclat;
                                        Doncques

Doncques voftre lumiere a donné de l'ombrage ?
Donc vous eftes conuert d'vn eternel nuage,
Et fans aucun Midy, là Mort & le Deftin
Confondent voftre foir auec voftre matin !
Trifte & fuperbe lict prefque en mefme iournée,
Tefmoin de mon veufuage & de mon Hymenée ?
Falloit-il que le Ciel à ma perte obftiné,
M'oftât fi toft le bien que tu m'auois donné ?
Felicité rauie auffi-toft que connüe,
Sophonifbe, en vn mot, qu'eftes-vous deuenüe ?
Mais Dieux ! que ma demande a bien peu de raifon,
Puifque ma propre main a fourny le poifon,
Qui fait qu'elle m'attend fur le riuage fombre,
Où mon fidelle Efprit va rejondre fon ombre,
C'eft là, cruel Senat, que tes fuperbes lois,
Ne feront point trembler les miferables Rois.
Vn poignard, malgré tey, trompant ta tyrannie,
M'accorde le repos que ta rigueur me nie.
Cependant en mourant, ô Peuple ambitieux !
I'apelleray fur toy la cholere des Cieux.
Puiffes-tu rencontrer, foit en paix, foit en guerre,
Toute chofe contraire, & fur mer, & fur terre.
Que le Tage, & le Pô contre toy rebellez,
Te reprennent les biens que tu leur as volez :

P

Que Mars faisant de Romme vne seconde Troye,
Donne aux Cartaginois tes richesses en proye,
Et que dans peu de temps le dernier des Romains
En finisse la race auec ses propres mains :
Mais consumer le temps en des plaintes friuoles,
Et flater sa douleur auecque des paroles,
C'est à ces lasches cœurs que l'espoir de guerir,
Persuade plustost, que l'ardeur de mourir,
Meurs miserable Prince, & d'vne main hardie
Ferme l'acte sanglant de cette tragedie.

Il tire le poignard caché sous sa robe.

Sophonisbe en cecy t'a voulu preuenir ;
Et puisque tes efforts n'ont pû la retenir,
Donne toy pour le moins le plaisir de la suiure,
Et cesse de mourir en acheuant de viure.
Montre que les rigueurs du Romain sans pitié,
Peuuent tout sur l'Amant, & rien sur l'amitié.

Il se tuë.

FIN.

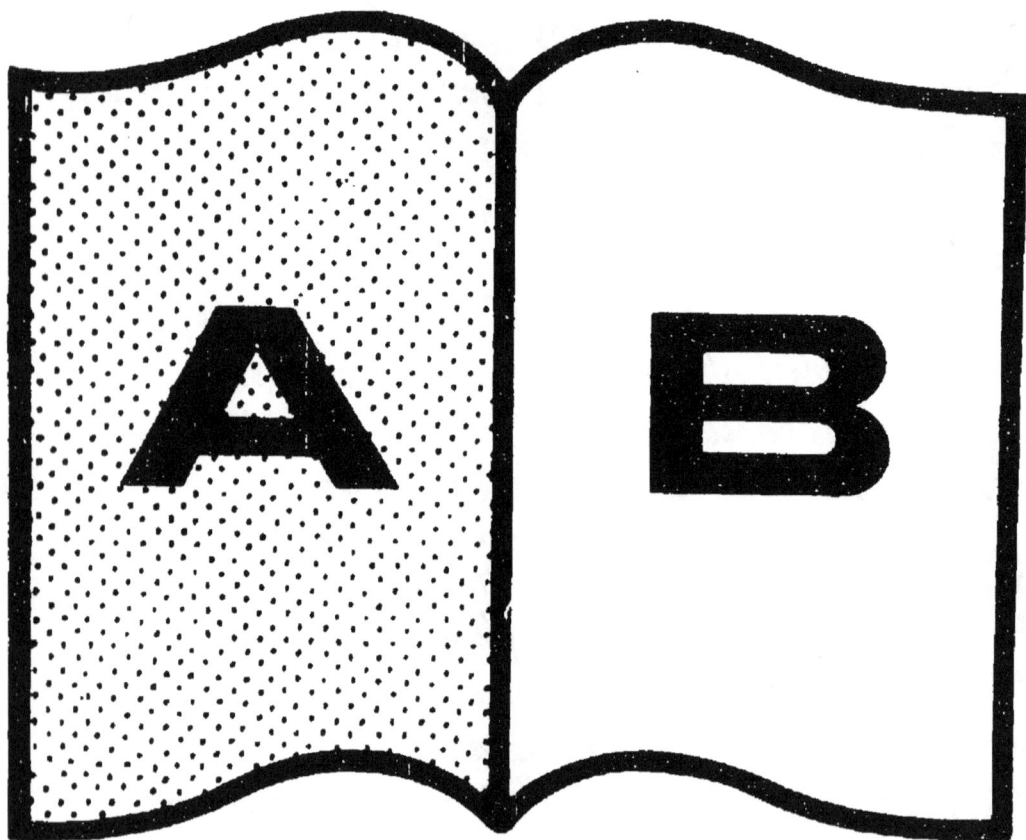

Contraste insuffisant

NF Z 43-120-14